La edición en inglés de esta obra ha sido publicada por
Human Rights Watch, September 2003, United States of America
Copyright by Human Rights Watch
All rights reserved

ISBN: 958-97300-2-7

Web Site Address: http://www.hrw.org

Versión en español impresa con el apoyo del
Fondo de las Naciones Unidas para la Infancia - UNICEF
Oficina de Area para Colombia y Venezuela

Manuel Manrique Castro
Representante
Jorge Vallès
Oficial de Proyectos /Child Protection and Humanitarian Affairs

Coordinación editorial versión en español
Sara Franky Calvo
Oficial Asistente de Comunicación

Diseño
Inventtio. Adela Martínez Camacho

Impresíon Editorial Gente Nueva
Bogotá, Colombia
Abril de 2004

Web Site Address: http://www.unicef.org.co

Algunas de las imágenes que ilustran este libro, hacen parte de las exposiciones de fotografía *"Las Otras Huellas de la Guerra"* y *"Colombia:Imágenes y Realidades"*, proyectos realizado por la FUNDACION DOS MUNDOS, que pretende por medio del documento fotográfico generar procesos de sensibilización y reflexión alrededor de las implicaciones emocionales que el conflicto está dejando en niños, niñas, jóvenes, adultos y comunidades. *"Las Otras Huellas de la Guerra"* es un testimonio histórico para ver pero también para escuchar, porque desde cada fotografía los niños nos reclaman.

FUNDACION DOS MUNDOS. fundosmundos@cable.net.co

"APRENDERÁS A NO LLORAR":

Niños Combatientes en Colombia

"Por considerarlo de especial interés para los lectores de habla hispana UNICEF decidió apoyar esta edición y lo hace porque entiende que su contenido pone de relieve las graves circunstancias por las que pasan los niños y niñas incorporados a los grupos armados así como la evidencia de las flagrantes contravenciones al derecho internacional humanitario y al Protocolo Facultativo de la Convención de los Derechos de la Infancia que establece los 18 años como edad mínima para el reclutamiento. "Aprenderás a no llorar" es también una obra que alienta el indispensable debate nacional sobre este tema qué, más allá de las cifras, siempre difíciles de establecer, pone el acento en el vívido y descarnado testimonio de quienes están en búsqueda de una nueva opción de vida, demandando del Estado y de la sociedad respuesta concretas y duraderas."

Manuel Manrique Castro
Representante de Área para Colombia y Venezuela
UNICEF

ÍNDICE

AGRADECIMIENTOS 11

PRESENTACIÓN 13

GLOSARIO 15

I. RESUMEN 17

II. RECOMENDACIONES 31
A la guerrilla y a los grupos paramilitares
Al Gobierno de Colombia
Al Gobierno de Estados Unidos
A la Unión Europea
A las Naciones Unidas

III. NIÑOS COMBATIENTES EN COLOMBIA 39
Las FARC-EP
La UC-ELN
Las fuerzas paramilitares

IV. RECLUTAMIENTO: REGLAS Y PRÁCTICA 53
Las FARC-EP
La UC-ELN
Las fuerzas paramilitares

V. INCORPORACIÓN A LAS FILAS 63
Incorporación a las FARC-EP
Incorporación a los paramilitares
Reclutamiento forzoso

VI. LA VIDA EN LAS FILAS 79
Rutina diaria en las fuerzas guerrilleras
Contacto con la familia
Descanso y recreo
Religión
La vida en los campamentos paramilitares

VII. NIÑAS 89
Reclutamiento
Vida diaria
Acoso y abuso sexual
Anticonceptivos y aborto

VIII. ENTRENAMIENTO 97
Entrenamiento en las fuerzas guerrilleras
Entrenamiento en las fuerzas paramilitares
Bombas de cilindros de gas
Minas

IX. DISCIPLINA Y CASTIGO 107
Disciplina en los campamentos de las FARC-EP
Consejos de guerra
Ejecuciones
Disciplina en la UC-ELN
Disciplina en las AUC

X. COMBATE 121
Combate en las FARC-EP
Operación Berlín
Paramilitares en combate

XI. PARTICIPACIÓN EN   135
    EJECUCIONES SUMARIAS
    Y TORTURA
    Matar por encargo: Ejecuciones sumarias en
    las FARC-EP y la UC-ELN
    Justicia callejera: Asesinatos en las milicias
    Tortura en la FARC-EP
    Asesinos a sueldo: Niños paramilitares

XII. SECUESTROS   149

XIII. LAS FUERZAS
     GUBERNAMENTALES   155

XIV. DESERCIÓN, CAPTURA   159
     Y DESPUÉS
     Tratamiento en el momento de la captura

XV. RESCATADOS DE LA GUERRA: 167
    PROGRAMAS OFICIALES PARA
    LA REHABILITACIÓN DE
    LOS NIÑOS COMBATIENTES
    El marco legal de los programas de rehabilitación
    del Gobierno

XVI. NORMATIVA LEGAL   177

    Derecho internacional humanitario
    Derecho de derechos humanos

    NOTAS   185
    APÉNDICE   207

AGRADECIMIENTOS

Este informe ha sido escrito por Sebastian Brett, investigador de la División de las Américas de Human Rights Watch. Joanne Mariner, subdirectora de la División de las Américas, contribuyó a la investigación, escribió el capítulo sobre las niñas y editó el manuscrito. Los miembros de la División de Derechos del Niño de Human Rights Watch, particularmente Jo Becker y Michael Bochenek, y el Subdirector de Programas, Joseph Saunders, ofrecieron asistencia adicional. Robin Kirk, investigadora de la División de las Américas, editó la versión final. Anne Manuel, antigua Subdirectora de la División de las Américas, supervisó la investigación, la redacción y la producción del informe. Los asistentes de la División de las Américas Marijke Conklin y Jon Balcom se encargaron de la producción del informe. Ximena Casas transcribió horas de grabaciones y asistió en la edición de las entrevistas y la producción.

Human Rights Watch agradece a la Overbrook Foundation su apoyo a nuestro trabajo en Colombia. También queremos dar las gracias a la Oak Foundation y la Independence Foundation por su respaldo a nuestro trabajo sobre derechos del niño. La Oficina de la Región Andina y del Cono Sur de la Ford Foundation hizo posible la investigación, la escritura, la producción y la traducción de este informe.

Juan Luis Guillén tradujo este informe al español.

El personal del Instituto Colombiano de Bienestar Familiar facilitó toda la asistencia necesaria a Human Rights Watch durante la investigación de este informe y nos concedió total acceso a sus instalaciones. Finalmente, queremos dar las gracias a todos los ex combatientes que no sólo compartieron pacientemente con nosotros su tiempo y sus experiencias, sino que también se tomaron la molestia de hacer que nos relajáramos.

PRESENTACIÓN

En Septiembre de 1990, la Convención sobre los Derechos del Niño entró en vigencia. Hoy la Convención, el instrumento de derechos humanos más ratificado universalmente y el acuerdo internacional con más adhesiones en la historia de los tratados internacionales, es la norma frente a la cual medimos el éxito o fracaso de nuestros esfuerzos para servir a los intereses de la niñez.

Durante la última década y media el mundo ha sido testigo de un creciente número de conflictos armados que cada vez más afectan a los niños y niñas de manera indiscriminada en muchos países del mundo, entre ellos, Colombia. El artículo 38 de la Convención, que obliga la protección y cuidado de los niños cuyas vidas se ven atrapadas en los conflictos, aún está muy lejos de su cumplimiento.

Este libro, publicado por Human Rights Watch - HRW, originalmente en lengua inglesa, es un doloroso testimonio de cómo las vidas de miles de niños y niñas colombianos están cercenadas y gravemente marcadas por el conflicto armado.

Con el apoyo del Fondo de las Naciones Unidas para la Infancia - UNICEF a la presente edición en español, queremos contribuir al esfuerzo de HRW en la promoción y defensa de los derechos humanos y particularmente de los derechos del niño. De igual forma apoyar los esfuerzos de muchas instituciones, personas, organizaciones y la comunidad internacional por actuar en contra de las manifestaciones extremas del conflicto armado colombiano.

"Aprenderás a no llorar"

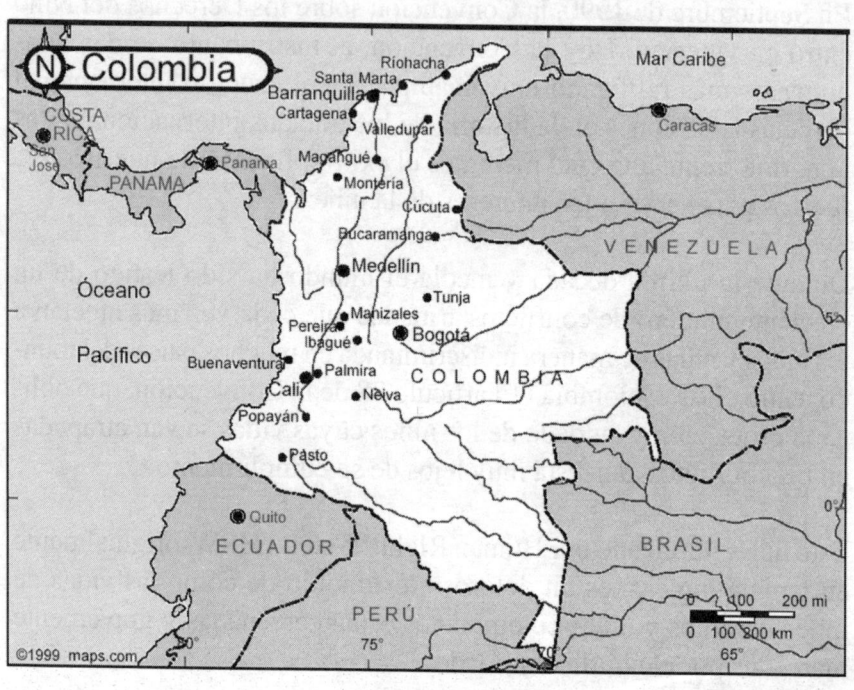

GLOSARIO

ACC	Autodefensas del Casanare
ACCU	Autodefensas Campesinas de Córdoba y Urabá
AUC	Autodefensas Unidas de Colombia
BCB	Bloque Central Bolívar
bacán, bacano	Expresión familiar que significa elegante o de categoría
CODA	Comité Operativo para la Dejación de Armas
CDN	Convención sobre los Derechos del Niño
FARC-EP	Fuerzas Armadas Revolucionarias de Colombia-Ejército del Pueblo
ICBF	Instituto Colombiano de Bienestar Familiar
ICCPR	Convenio Internacional sobre los Derechos Políticos y Civiles
CICR	Comité Internacional de la Cruz Roja
paracos	Paramilitares
pelados	Muchachos, niños
quiebrapatas	Mina quiebrapatas
UC-ELN	Unión Camilista-Ejército de Liberación Nacional
UNICEF	Fondo de las Naciones Unidas para la Infancia

Miembro de catorce años de las Autodefensas Unidas de Colombia - AUC.
Autor: Marcelo Salinas

I. RESUMEN

Un día me escapé durante el día. Había dejado todas mis armas atrás. Estaba haciendo centinela y me huí. Me cogieron después de una hora. Los milicianos me reconocieron, incluso con la ropa de civil que me había puesto. Lloré cuando me cogieron. Les rogué que me dejaran ir. Me amarraron con una cadena de metal. No podía mover mis brazos. No me dejaron hablar en el consejo de guerra. Afortunadamente votaron por no matarme. En cambio me hicieron cavar veinte metros de trinchera, me mandaron veinte veces por la leña, y me amarraron a un palo por dos semanas. Me tocó hablar al frente de todos explicándoles por qué había tratado de desertar, por qué había hecho ese error.

Adriana, la niña guerrillera reacia a contarnos esta historia, tuvo suerte. El consejo de guerra de la guerrilla decidió no ordenar su ejecución. Los paramilitares que la capturaron después en combate la dejaron con vida y la entregaron al ejército colombiano. Adriana obtuvo una plaza en un programa oficial de rehabilitación.

Sin embargo, aparte de la buena fortuna, la historia de Adriana es típica. Su madre y sus hermanos se ganaban la vida cultivando plátano y yuca, y caían frecuentemente enfermos. Adriana abandonó la escuela en primer grado para trabajar en el campo. Sus padres se peleaban constantemente. Su madre le pegaba con frecuencia. Su abuela, que era amiga de la guerrilla, la convenció para que se uniera a sus filas. Adriana tenía 12 años.

Todas las fuerzas irregulares del conflicto armado que lleva décadas asolando Colombia-guerrilleros de izquierdas y paramilitares de derechas-reclutan a niños de la edad de Adriana, e incluso menores que ella. Las Convenciones de Ginebra de 1949 y la Convención sobre los derechos del Niño establecen que es prohibido usar los niños menores de 15 años en guerra. El Protocolo facultativo de la Convención, subió el límite a los menores de 18 años. Prohibe el reclutamiento de los niños menores de 18 años y establece que "los grupos armados distintas de las fuerzas armadas de un Estado no deben en ninguna circunstancia reclutar o utilizar en hostilidades a menores de 18 años". (De acuerdo con las normas internacionales, la palabra "niño en este informe se refiere a las personas menores de 18 años.)

Al menos uno de cada cuatro combatientes irregulares de la guerra civil colombiana es menor de 18 años. Estos niños, la mayoría de los cuales proceden de familias pobres, combaten una guerra de adultos. Con frecuencia, los niños combatientes sólo entienden mínimamente la finalidad del conflicto. Luchan contra otros niños con orígenes muy similares a los suyos y con una situación económica y un futuro igualmente gris. Estos niños, que tienen tanto en común en la vida civil, se convierten en los enemigos de guerra más implacables.

Al menos uno de cada cuatro combatientes irregulares de la guerra civil colombiana es menor de 18 años.

Desde el principio se entrena a los niños reclutados tanto por la guerrilla como por los paramilitares a no tener piedad con los combatientes o simpatizantes del otro bando. Los adultos ordenan a los niños que maten, mutilen o torturen, preparándolos para cometer los abusos más crueles. Los niños no sólo se enfrentan al mismo tratamiento si caen en manos del enemigo, sino que también temen a sus compañeros. Los niños que incumplen sus deberes militares o intentan desertar se exponen a una ejecución sumaria por compañeros a veces menores que ellos.

Los jóvenes reclutas están entrenados en el uso de modernos rifles de asalto desde los 11 años y marchan durante días con muy pocos alimentos, picados por los insectos y azotados por las tormentas. Muchos mueren o resultan heridos en los combates con tropas gubernamentales apoyados por helicópteros y artillería pesada.

El reclutamiento de niños por parte de la guerrilla y las fuerzas paramilitares ha aumentado significativamente en los últimos años. Ninguna de las partes ha hecho un esfuerzo serio por detener esta práctica. En ocasiones, tanto la guerrilla como los paramilitares han ofrecido la desmovilización de niños para obtener condiciones favorables en las negociaciones con el gobierno. No sólo se trata de un intento flagrante de negociar una ventaja política con cuestiones innegociables, sino que ninguna de estas promesas se ha cumplido hasta ahora. Cada una de las fuerzas irregulares en conflicto continúa violando claramente sus propios reglamentos sobre la edad mínima para el reclutamiento. Es más, el Estado no ha protegido a los niños mediante la aplicación de la legislación colombiana, que prohíbe el reclutamiento de menores de 18 años, y las autoridades judiciales no han procesado penalmente a los responsables de esta aborrecible práctica.

En mayo y junio de 2002, Human Rights Watch realizó, para este informe, entrevistas separadas y privadas con 112 niños ex combatientes, entre ellos 79 ex miembros de las Fuerzas Armadas Revolucionarias de Colombia-Ejército del Pueblo (FARC-EP), 20 ex miembros de la Unión Camilista-Ejército de Liberación Nacional (UC-ELN) y 13 ex miembros del grupo paramilitar Autodefensas Unidas de Colombia (AUC). Los entrevistamos en albergues oficiales para niños ex combatientes, en una escuela gestionada por el Programa de Reinserción del Ministerio del Interior y en una escuela administrada por una institución privada.

No detectamos nada extraño al principio cuando hablábamos con estos niños ex combatientes semanas después de que los hubieran capturado o hubieran desertado. Por el contrario, nos encontramos frente a los rostros de niños pobres colombianos aparentemente normales. Una niña acariciaba una muñeca mientras hablaba. A algunos niños todavía no les había cambiado la voz. Los muchachos algo mayores llevaban cortes de pelo de moda, aretes plateados, tatuajes y pulseras de hilo. Varios de ellos se mostraron asertivos y bravos. Otros estaban impasibles. Mientras los niños entrevistados contaban historias de horror y destrucción, los gritos de otros que jugaban en las cercanías parecían dolorosamente normales.

Este libro ofrece el primer informe general sobre los niños combatientes en Colombia, y se ocupa de su reclutamiento, su entrenamiento, su vida en las filas, su papel en el combate y el tratamiento que reciben cuando desertan o son capturados o rescatados. Sus conclusiones son urgentes e inequívocas: todas las partes en conflicto en Colombia tienen que poner fin al reclutamiento de niños, desmovilizarlos de las tropas y las fuerzas milicianas bajo su control y, por su bienestar y seguridad, entregarlos al organismo nacional o la organización internacional humanitaria adecuados.

No hay datos precisos sobre el número de niños combatientes en Colombia. Human Rights Watch hizo un cálculo cotejando la información facilitada por los niños con las cifras recogidas en los estudios fiables. Estas fuentes respaldan la conclusión de que el número de niños en los ejércitos ilegales de Colombia ha crecido notablemente en los últimos años, como reflejo de las políticas y las campañas de reclutamiento comunes entre todas las fuerzas irregulares. En nuestra opinión, la cifra total de niños combatientes en Colombia supera probablemente los 11.000, siendo éste un cálculo conservador que puede subestimar significativamente la cantidad real.

Este libro ofrece el primer informe general sobre los niños combatientes en Colombia, y se ocupa de su reclutamiento, su entrenamiento, su vida en las filas, su papel en el combate y el tratamiento que reciben cuando desertan o son capturados o rescatados.

Debido en parte a que se trata del grupo más numeroso, la mayoría de los niños combatientes forman parte de las FARC-EP. La UC-ELN y los paramilitares también reclutan niños a una escala importante. Los niños nos dieron información específica y detallada sobre la gran cantidad de menores de edad en las filas de estos tres grupos. Algunos nos dijeron que las unidades en las que servían estaban integradas mayoritariamente por niños combatientes.

Los niños son un grupo especialmente vulnerables en la guerra triangular entre la guerrilla, los paramilitares y las fuerzas de seguridad gubernamentales. Sus vidas y su bienestar corren peligro aunque no se unan a un grupo armado. La mayoría de las familias colombianas forzosamente desplazadas por la guerra están compuestas por niños y sus madres, que se cuentan por cientos de miles. Los niños se enfrentan a las represalias, la destrucción de sus hogares y el secuestro. En las ciudades de Colombia, las balas perdidas de las guerras callejeras entre guerrilleros y paramilitares y las operaciones militares de limpieza se cobran las vidas de docenas de niños, incluso cuando permanecen dentro de sus casas.

Sin embargo, la terrible situación de los niños combatientes de Colombia es dramática aún dentro de este contexto sombrío. Muchos deciden unirse a un grupo armado porque se sienten más seguros bajo su protección. La mayoría tienen un concepto muy vago de lo que conlleva la vida de combatiente hasta que es demasiado tarde para echarse atrás. A cambio de camaradería, alimentos y protección, los niños se ven expuestos a las enfermedades, el agotamiento físico, las lesiones, la muerte repentina y la tortura en manos del enemigo. Muchos no conservan ni el más mínimo contacto con sus familias.

Human Rights Watch ha entrevistado a niños que tenían hasta ocho años cuando empezaron a combatir. Tenían tareas especiales tales como transportar suministros y facilitar información, actuar como vigías de avanzada o incluso llevar explosivos.

Al cumplir los 13 años, la mayoría de los niños reclutas han sido entrenados en el uso de armas automáticas, granadas, morteros y explosivos. En las fuerzas guerrilleras, los niños aprenden a ensamblar y lanzar bombas de cilindros de gas. Tanto con la guerrilla como con los paramilitares, los niños estudian el ensamblaje de minas quiebrapatas y aplican sus conocimientos sembrando campos mortales. Es habitual que su primera experiencia de combate se produzca poco después.

Los niños no solo arriesgan su vida en el combate. También se espera de ellos que participen en las atrocidades que se han convertido en el sello distintivo del conflicto colombiano. Human Rights Watch entrevistó a niños que, durante su formación, tuvieron que ver como torturaban prisioneros. A otros les obligaron a dispararles para demostrar su valor. Algunos participaron en asesinatos de figuras políticas y en la "limpieza social" de drogadictos y ladrones de poca monta. Aún hubo casos en los que les ordenaron que ejecutaran a compañeros-incluso amigos-capturados cuando intentaban escapar.

El reclutamiento de niños por parte de los grupos armados ilegales ha estado en segundo plano en el debate sobre la política estadounidense en Colombia. La atención se ha centrado con más intensidad en la tolerancia de las fuerzas armadas colombianas de otras graves violaciones o su complicidad en ellas. Éstas incluyen el apoyo o tolerancia de algunas unidades del ejército de graves abusos contra los derechos humanos cometidos por las fuerzas paramilitares, entre ellos masacres, asesinatos políticos, "desapariciones", secuestros, torturas y otras formas de maltrato. De hecho, los niños ex combatientes paramilitares entrevistados por Human Rights Watch sugieren que el personal militar colombiano continúa colaborando en su entrenamiento, están en estrecho y permanente contacto con sus comandantes y, en ciertos casos, combaten junto a ellos. Esto ocurre a pesar de las leyes estadounidenses que requieren, como condición para la entrega de ayuda militar, que Colombia rompa los lazos entre las unidades militares y los grupos paramilitares y suspenda y enjuicie a los oficiales que actúen en connivencia con ellos.

También se espera de ellos que participen en las atrocidades que se han convertido en el sello distintivo del conflicto colombiano.

En 2003, Colombia recibirá más de 750 millones de dólares en ayuda de Estados Unidos, la mayoría de la cual está destinada a la asistencia militar y policial. Teniendo en cuenta la relación continuada de las unidades del ejército colombiano con los grupos paramilitares y sus graves violaciones de los derechos humanos, que incluyen el reclutamiento de niños, Estados Unidos debe aplicar más enérgicamente las condiciones de la asistencia militar.

Niños combatientes de las FARC-EP

Las FARC-EP no muestran indulgencia con los niños por su edad y les asignan las mismas tareas que a los adultos. Los que incumplen reglas menores de disciplina tienen que cavar trincheras o letrinas, despejar el bosque, cortar y llevar leña o hacer labores de cocina. Si pierden el arma, pueden ser obligados a entrar en combate sin ella hasta que puedan recuperar otra del enemigo. Las violaciones graves se tratan en consejo de guerra, en el que se presentan los cargos y la defensa y se puede dictar una sentencia a muerte por alzamiento de manos.

Se suele disparar contra los niños que desertan, especialmente si se llevan su arma. Los sospechosos de informar al enemigo, los infiltrados, o los que se quedan dormidos durante la guardia corren la misma suerte. El comandante elige al azar a un grupo encargado de ejecutar la sentencia. El niño, con las manos atadas con una cuerda de nylon, es llevado fuera del perímetro del campamento donde tiene que esperar a que caven su tumba.

Varios niños dijeron a Human Rights Watch que les habían ordenado que llevaran a cabo la ejecución de otro menor. Algunos dijeron que los habían seleccionado deliberadamente porque la víctima era su amigo o amiga. Es posible que después de la ejecución, normalmente por disparo de revólver, se destripe el cuerpo antes de enterrarlo. Rara vez se notifica a la familia del niño ejecutado.

También se apela a los niños para la ejecución de enemigos capturados. Varios niños ex combatientes de las FARC-EP describieron en detalle a Human Rights Watch cómo los guerrilleros torturaban a los paramilitares capturados clavándole agujas bajo las uñas, cortándoles dedos y brazos y haciéndoles cortes en la cara. Varios niños nos dijeron que sus comandantes les obligaron a presenciar estos horripilantes espectáculos.

Los reglamentos internos de las FARC-EP estipulan los 15 años como edad mínima para el reclutamiento, en consonancia con las normas del derecho internacional humanitario. Sin embargo, la guerrilla nunca ha respetado este requisito, a pesar de sus reiteradas promesas en este sentido. Más de dos tercios de los ex combatientes de las FARC-EP entrevistados por Human Rights Watch se unieron al grupo cuando tenían 14 o menos años, y la mayoría de ellos fueron reclutados después de la promulgación de estos reglamentos en 1999.

Niños combatientes de la UC-ELN

Al igual que las FARC-EP, la menos numerosa UC-ELN asigna a los niños las mismas tareas que a los guerrilleros adultos, lo que incluye el combate. Los niños que entrevistamos nos dijeron que el grupo captura y ejecuta con frecuencia a presuntos paramilitares e informantes, y lleva a cabo secuestros por dinero. Sus milicias urbanas imponen la "justicia callejera" en los barrios que controlan, expulsando o ejecutando a delincuentes menores y pequeños traficantes, y recaudan "impuestos" a los establecimientos de comercio.

Las reglas de la UC-ELN permiten que los menores de 15 años participen en "actividades revolucionarias", pero no en las hostilidades. En 1996, la UC-ELN aumentó la edad oficial de reclutamiento en su fuerza militar a los 16 años. Sin embargo, más de la mitad de los ex miembros de la UC-ELN entrevistados por Human Rights Watch se unieron al grupo cuando tenían 14 o menos años.

La UC-ELN ha entablado discusiones con organismos gubernamentales sobre asuntos relacionados con el derecho internacional humanitario, entre ellos la desmovilización de los niños, pero ha condicionado su implementación al inicio de negociaciones con el gobierno. Las negociaciones se han estancado y la UC-ELN mantiene en sus filas a cientos de niños combatientes.

Niños combatientes
de las fuerzas paramilitares

Durante años, los paramilitares, agrupados en las AUC, han cometido masacres y atrocidades contra civiles en sus esfuerzos por expulsar a la guerrilla de los territorios en disputa. Varios de los niños ex reclutas paramilitares entrevistados por Human Rights Watch para este informe nos dijeron cómo les obligaron a mutilar y matar a guerrilleros capturados en la primera fase de su entrenamiento. Otros contaron cómo vieron arrojar ácido a la cara de los prisioneros o cómo mutilaban a algunos con sierras eléctricas.

La mayoría de los niños entrevistados por Human Rights Watch que habían combatido con los paramilitares había participado en combates contra el ejército y la policía. Cabe destacar, no obstante, que muchos de ellos describieron en detalle operaciones contraguerrilleras en las que los paramilitares habían colaborado estrechamente con las unidades militares, lo que vuelve a confirmar la información de que algunas unidades del ejército continúan dando apoyo a las operaciones paramilitares.

A diferencia de las FARC-EP o la UC-ELN, los paramilitares pagan regularmente a sus reclutas un salario, financiado con los ingresos del narcotráfico, la extorsión y las contribuciones. Aunque se han denunciado casos de reclutamiento forzado, el dinero parece haber sido el factor decisivo para ganar nuevos militantes. Si los niños intentan desertar, una vez admitidos en sus filas, corren el riesgo de ser capturados y ejecutados por sus comandantes por infiltrados o informantes.

Las AUC son el único grupo armado irregular de Colombia que ha establecido la edad mínima de reclutamiento en 18 años. No obstante, la regla no se aplica y, al igual que los grupos guerrilleros, las AUC reclutan a menores de 15 años. De hecho, dos tercios de los ex miembros de las AUC entrevistados por Human Rights Watch tenían 14 o menos años cuando se unieron al grupo. Los dos más jóvenes dijeron que se habían alistado cuando tenían siete y ocho años.

Niñas combatientes

Las unidades de la guerrilla tienen entre una cuarta parte y la mitad de mujeres, algunas de ellas de hasta ocho años de edad. Las fuerzas paramilitares tienen comparativamente pocas mujeres combatientes y muy pocas niñas.
Las niñas se alistan a veces para escapar del abuso sexual en sus hogares; en otros aspectos, las razones para alistarse son similares a las de los niños. Muchas de ellas dijeron a Human Rights Watch que en la guerrilla tenían más o menos los mismos deberes y posibilidades de ascenso que los varones.

Sin embargo, las niñas guerrilleras se enfrentan a presiones relacionadas con su condición de mujeres. Aunque no se toleran la violación ni el acoso sexual abierto, muchos comandantes varones utilizan su poder para mantener vínculos sexuales con muchachas menores de edad. Las niñas de hasta 12 años de edad tienen que utilizar anticonceptivo y abortar si se quedan embarazadas.

Métodos de reclutamiento

La gran mayoría de los niños reclutados en las fuerzas irregulares se alistan por propia voluntad. Sin embargo, el reclutamiento forzoso se produce en algunas partes de Colombia. Human Rights Watch entrevistó a 13 ex combatientes, todos los cuales habían pertenecido a las FARC-EP o a la UC-ELN, que contaron cómo les habían obligado a alistarse en contra de su voluntad; eran algo más del 10 por ciento de los niños que entrevistamos. Otros dos niños dijeron que les habían presionado para que se unieran a un grupo guerrillero. Incluso la decisión voluntaria de unirse a las fuerzas irregulares es más una consecuencia de la terrible falta de oportunidades para los niños de los sectores más pobres de la sociedad rural que un verdadero ejercicio de libre elección.

Las fuerzas irregulares explotan la vulnerabilidad de los niños. Organizan campañas de reclutamiento en las que se presenta el atractivo de la vida del guerrero y se tienta a los niños con promesas de dinero y un futuro más prometedor. Algunas familias envían a sus hijos a combatir porque no pueden mantenerlos y saben que la participación de un grupo armado les garantiza una comida decente, ropa y protección. Muchos niños se alistan para huir de la violencia familiar y el abuso físico o sexual, o para encontrar el afecto que no les dan sus familias. Otros ansían el poder que da un arma y un teléfono celular. La vida en el campamento es una promesa de aventura, camaradería y una oportunidad para demostrar su valía.

Las unidades de la guerrilla tienen entre una cuarta parte y la mitad de mujeres, algunas de ellas de hasta ocho años de edad.

La realidad de la vida de un combatiente es profundamente aterradora pero, una vez incorporado a filas, no puede salir voluntariamente. Por el contrario, sabe que el precio de intentar desertar puede ser su vida.

Normas legales

El derecho internacional humanitario aplicable a las guerras civiles prohíbe a los combatientes reclutar a niños menores de 15 años o permitirles que participen en las hostilidades. Muchas de las acciones en las que se ordena participar a los niños-ejecuciones sumarias, tortura, asesinatos y otros ataques contra civiles, secuestros y el empleo de armamento indiscriminado que provoca evitables bajas civiles-también constituyen graves violaciones del derecho internacional humanitario.

La CDN, ratificada por todos los Estados miembros de la ONU excepto Estados Unidos y Somalia, también establece la edad mínima para el reclutamiento militar en los 15 años. Para todos los demás aspectos, la CDN define a un niño como toda persona menor de 18 años. El Protocolo facultativo de la Convención, que entró en vigor en febrero de 2002, corrigió esta anomalía prohibiendo el reclutamiento militar obligatorio de menores de 18 años. También dispone que "los grupos armados distintos de las fuerzas armadas de un Estado no deben en ninguna circunstancia reclutar o utilizar en hostilidades a menores de 18 años".

Cuando ratificó la CDN en 1991, Colombia propuso fijar en 18 años, en lugar de 15, la edad mínima para el reclutamiento militar. Al eliminar incluso el servicio voluntario para los menores de 18 años, Colombia cumple ahora los requisitos del Protocolo facultativo, que ha firmado pero no ratificado todavía.

La legislación colombiana prohíbe el reclutamiento de menores de 18 años para el servicio militar desde diciembre de 1999. Ese mismo mes, el ejército colombiano desmovilizó a más de 800 menores de 18 años de las fuerzas gubernamentales. Un reglamento de la Policía Nacional adoptado en enero de 2000 prohibió la incorporación de niños. De acuerdo con la ley, los funcionarios civiles u oficiales militares que incumplan la prohibición de reclutar a menores de 18 años son culpables de mala conducta y pueden ser suspendidos. En virtud del artículo 162 del nuevo Código Penal de Colombia, promulgado en 2000, todo aquel que reclute a menores de 18 años o los obligue a participar directa o indirectamente en el conflicto armado incurrirá en prisión de seis a diez años.

Human Rights Watch no ha recibido información creíble desde entonces de que haya niños sirviendo en las fuerzas armadas o la policía. No obstante, han habido algunas denuncias que unidades de la Policía o del ejército han utilizado a niños como espías o informantes, o les han animado a que trabajen como tales. El empleo de niños como informantes por parte de las fuerzas de seguridad expone sus vidas a un peligro inminente.

© Fundación Dos Mundos, Concurso de fotografía: "Las otras huellas de la guerra"
Niña perteneciente a programa de recuperación emocional.
Autor: Nelson Osneyder Reyes

II. RECOMENDACIONES

Colombia está en la trágica lista de los países en los que miles de niños combaten y mueren en sangrientos conflictos. Sin embargo, todas las partes coinciden, al menos sobre el papel, en que se debería proteger a los niños de los horrores de la guerra. Queda por emprender la ardua tarea de hacer efectivas las leyes que protegen a los niños y poner fin a su reclutamiento para la guerra.

Para lograr este objetivo, todas las partes deben aplicar plenamente las disposiciones de la Convención sobre los Derechos del Niño y su Protocolo facultativo relativo a los niños combatientes. A continuación se presentan algunas medidas adicionales:

A la guerrilla y a los grupos paramilitares (FARC-EP, UC-ELN, AUC):

- Poner fin inmediatamente al reclutamiento de menores de 18 años, desmovilizar a los niños de todas las fuerzas armadas bajo su control y entregarlos al organismo oficial nacional o la organización internacional humanitaria adecuados;

- Desarrollar y aplicar políticas claras y sistemas fiables para prohibir el reclutamiento de niños y garantizar que los reclutas tengan por lo menos 18 años;

- Asegurarse que dichas políticas se divulgan ampliamente entre los miembros del grupo armado y los civiles dentro de sus áreas de influencia;

- Retirar de los puestos de mando a los que hayan continuado reclutando o utilizando a menores de 18 años en cualquier función;

- Asegurarse de que los menores de 18 años capturados o que hayan desertado de las fuerzas irregulares se entregan inmediatamente a la organización humanitaria apropiada;

- Buscar la cooperación internacional con las agencias humanitarias competentes con el fin de verificar las prácticas de reclutamiento;

- Facilitar información al Comité Internacional de la Cruz Roja (CICR) o al Fondo de las Naciones Unidas para la Infancia (UNICEF) sobre los niños combatientes muertos en o fuera de combate;

- Liberar inmediatamente a todos los niños rehenes o secuestrados y dictar instrucciones firmes prohibiendo todos los secuestros, especialmente de niños; y adoptar medidas disciplinarias apropiadas contra los comandantes u otros miembros del grupo que secuestren, especialmente a niños.

Como medidas a corto plazo hasta que se haya desmovilizado a todos los niños:

- Garantizar que los niños no afronten las represalias contra ellos o sus familias;

- Prohibir el reclutamiento forzoso de niños bajo ninguna circunstancia y asegurarse de que los comandantes responsables del reclutamiento forzoso son debidamente castigados;

- Asegurarse de que todos los comandantes reciben instrucciones de acatar el derecho internacional humanitario, específicamente la protección de los combatientes capturados o incapacitados y los civiles, entre ellos los niños;

- Cesar inmediatamente las ejecuciones de niños por cualquier delito y entregar al CICR a todos los niños capturados cuando intentaban desertar;

- Asegurarse de que los niños no toman directamente parte en las hostilidades ni reciben entrenamiento ni participan en el uso de explosivos, incluido el armamento indiscriminado tal como las minas terrestres y las bombas de cilindros de gas;

- Siempre que sea posible, disponer que los niños enfermos o heridos sean trasladados a hospitales donde puedan recibir la atención médica adecuada;

- Cuando exista, reemplazar la práctica del aborto o la contracontracepción obligatorios para las niñas combatientes por un sistema voluntario y poner a disposición de todos los combatientes anticonceptivos y educación sobre higiene sexual.

Al Gobierno de Colombia:

- Establecer reglas claras que prohíban el reclutamiento o el uso de menores de 18 años en cualquier programa oficial relacionado con la cooperación civil con las fuerzas armadas. La investigación inmediata de los casos en los que se haya empleado a niños como informantes, espías o guías es fundamental para proteger las vidas de los menores atrapados en el conflicto colombiano. Se debe pedir cuentas al personal militar o policial responsable de este empleo de los niños;

- Incluir, como elemento prioritario en cualquier futura negociación con las fuerzas irregulares, la desmovilización de los niños de la guerrilla y los paramilitares y el fin de su reclutamiento;

- Garantizar que todos los niños combatientes que se entreguen a las autoridades o sean capturados se devuelvan a sus familias siempre que sea en el mejor interés del menor. Se debe proteger, atender apropiadamente y ofrecer orientación psicológica y educación a los niños cuando la reunificación familiar no sea lo mejor para ellos;

- Asegurarse de que todos los oficiales y personal militar reciban instrucciones de acatar el derecho internacional humanitario, específicamente la protección de los combatientes capturados o incapacitados y los civiles, entre ellos los niños;

- Continuar y ampliar el programa para la rehabilitación de niños ex combatientes del Instituto Colombiano para el Bienestar Familiar (ICBF). Extender su alcance geográfico para que los niños puedan ser reubicados, de acuerdo con su mejor interés, lo más cerca posible de su hogar o su lugar de origen;

- Garantizar que todos los niños ex combatientes, incluidos los que estén retenidos en áreas remotas, reciben protección y tratamiento adecuados de acuerdo con los compromisos internacionales contraídos por Colombia;

- Asegurar que en todas las medidas para la rehabilitación del niños, se tengan debidamente en cuenta sus opiniones, de acuerdo con el artículo 12(1) de la Convención sobre los Derechos del Niño;

- Salvaguardar en todo momento el derecho a la defensa y las garantías procesales de los niños en todo proceso legal instruido contra ellos por sus acciones durante el servicio en las fuerzas armadas;

- Al sentenciar a niños combatientes acusados de graves abusos, los juicios deben considerar como factores atenuantes las circunstancias del reclutamiento del menor, la posible coacción y la relativa falta de madurez. En dichos casos, la sentencia debe promover la recuperación y la reintegración del niño, como disponen los artículos 39 y 40 de la Convención sobre los Derechos del Niño y el artículo 14(4) del Pacto Internacional de Derechos Civiles y Políticos. Los tribunales de menores deben considerar también como poderosos atenuantes las duras penas, incluida la muerte, a las que se enfrentan los niños que desobedecen las órdenes de sus superiores, y las amenazas contra ellos y sus familias;

- De acuerdo con el artículo 37(b) de la Convención sobre los Derechos del Niño, la detención, el encarcelamiento o la prisión de un niño se debe utilizar tan sólo como medida de último recurso durante el período más breve que proceda;

- Toda legislación destinada a rebajar la edad de responsabilidad penal por debajo de los actuales 18 años debe ser compatible con las Reglas mínimas de las Naciones Unidas para la administración de la justicia de menores ("Reglas de Beijing"), que disponen que "su comienzo no deberá fijarse a una edad demasiado temprana habida cuenta de las circunstancias que acompañan la madurez emocional, mental e intelectual";

- Instar al Congreso de Colombia a que ratifique el Protocolo facultativo de la Convención sobre los Derechos del Niño relativo a la participación de niños en los conflictos armados;

- De acuerdo con el articulo 4(2) del Protocolo facultativo, adoptar todas las medidas posibles para impedir el reclutamiento y utilización de niños por parte de grupos armados, con inclusión de la adopción de medidas legales necesarias para prohibir y tipificar esas prácticas;

- Asegurarse de que los responsables del reclutamiento de niños rinden cuentas:

    (a) no concediendo inmunidad judicial a los miembros de la guerrilla o las fuerzas paramilitares responsables de graves violaciones del derecho internacional humanitario, lo que incluye el reclutamiento de niños menores de 15 años;

    (b) retirando su decisión de no aceptar durante siete años la jurisdicción de la Corte Penal Internacional sobre los crímenes de guerra;

- Llevar a cabo investigaciones, en la Fiscalía General, de los líderes de las FARC-EP, la UC-ELN y las AUC responsables de reclutar a niños menores de 15 años en sus fuerzas.

Al Gobierno de Estados Unidos:

- En sus visitas a Colombia y sus reuniones con funcionarios colombianos, expresar, de manera pública y privada, su preocupación por el reclutamiento de niños y los continuos lazos entre el ejército y los paramilitares, y presionar para que se tomen medidas efectivas para cortarlos;

- Instar al Presidente de Colombia a que dé la máxima prioridad a la desmovilización de los niños combatientes en futuras negociaciones con la guerrilla y los paramilitares;

- Aportar fondos para programas destinados a la rehabilitación de los niños combatientes mediante la Defensoría Pública y el ICBF;

- Manifestar firmemente al Gobierno de Colombia la oposición de Estados Unidos a cualquier amnistía o indulto para los responsables de graves violaciones de los derechos humanos o del derecho internacional humanitario, tales como el reclutamiento de niños.

A la Unión Europea:

- En sus visitas a Colombia y sus reuniones con funcionarios colombianos, expresar, de manera pública y privada, su preocupación por el reclutamiento de niños y los contínuos lazos entre algunas unidades del ejército y los paramilitares, y presionar para que se tomen medidas efectivas para cortarlos;

- Instar al Presidente de Colombia a que dé la máxima prioridad a la desmovilización de los niños combatientes en futuras negociaciones con la guerrilla y los paramilitares;

- Aportar fondos para programas destinados a la rehabilitación de los niños combatientes mediante la Defensoría Pública y el ICBF;

- Manifestar firmemente al Gobierno de Colombia la oposición de la Unión Europea a cualquier amnistía o indulto para los responsables de graves violaciones de los derechos humanos o del derecho internacional humanitario, tales como el reclutamiento de niños.

A las Naciones Unidas:

El Representante Especial del Secretario General para la cuestión de los niños y los conflictos armados debe:

- Llevar a cabo otra visita in situ a Colombia para investigar los avances realizados por las partes en el conflicto armado con respecto a la desmovilización de los niños combatientes y recomendar medidas para acelerar el proceso de desmovilización.

A la Oficina en Colombia del Alto Comisionado de las Naciones Unidas para los Derechos Humanos:

- Presentar un informe al Alto Comisionado sobre el reclutamiento y el empleo de niños combatientes por las partes en el conflicto armado de Colombia. El informe debe ponerse a disposición del Secretario General para que pueda informar al Consejo de Seguridad sobre la situación actual con respecto a los niños combatientes en el informe que tiene que presentar el 31 de octubre de 2003.

La Comisión de Derechos Humanos de las Naciones Unidas debe:

- Condenar enérgicamente la práctica del reclutamiento y el empleo de niños combatientes por las partes en el conflicto armado en todas sus futuras resoluciones sobre Colombia.

© Fundación Dos Mundos. Fuerzas Armadas Revolucionarias de Colombia - FARC. San Vicente del Caguán. Año 2000.
Autor: Bernardo Alberto Peña Olaya

III. LOS NIÑOS COMBATIENTES DE COLOMBIA

Yo tenía una amiga, Juanita, ella se metió en problemas por acostarse con varios tipos. Nosotras éramos amigas desde que éramos civiles, y compartíamos la carpa. El comandante dijo que no importaba que ella fuera mi amiga. Ella había cometido un error y tenía que pagar por eso. Yo cerré los ojos y disparé, pero no le di, entonces disparé de nuevo. El hueco estaba ahí al lado. Tuve que enterrarla y poner tierra encima de ella. El comandante me dijo: "Lo hizo muy bien, así se haya puesto a llorar. Va a tener que hacerlo muchas más veces y le va a tocar aprender a no llorar".[1]

El conflicto armado de Colombia tiene raíces profundas. Los historiadores contemporáneos señalan La Violencia, una guerra civil sangrienta provocada por el asesinato en 1948 del candidato presidencial Jorge Eliécer Gaitán, como un momento decisivo. En la década de los sesenta, la influencia de la revolución cubana enraizó aún más la violencia como medio para obtener influencia política y controlar el territorio.

Las fuerzas paramilitares, promovidas por el ejército, los terratenientes y los intereses empresariales, surgieron en los ochenta para combatir a la guerrilla.[2] "Los guerrilleros pueden actuar fuera de la ley, así que esta batalla es desigual", dijo Carlos Castaño, fundador de la actual alianza paramilitar, a Human Rights Watch en 1996. "Nos dimos cuenta que podíamos utilizar las mismas estrategias que la guerrilla y adoptar sus métodos de combate".[3]

La incorporación de los niños a las filas de estos grupos es un fenómeno relativamente nuevo.[4] En la década de los cincuenta, era posible que los niños acompañaran a las familias que habían escapado de los ataques y vivían en los campamentos de los rebeldes, pero era raro que combatieran. El medio universitario era un campo de reclutamiento muy favorable para algunos grupos guerrilleros mientras que otros buscaron adeptos entre los sindicalistas, campesinos y desempleados adultos.[5]

Esto cambió en los noventa, cuando la guerrilla y los paramilitares iniciaron sus grandes campañas de reclutamiento. En 1996, la Defensoría del Pueblo publicó uno de los primeros informes que relataban este acontecimiento. En el informe se concluyó que hasta el 30 por ciento de algunas unidades guerrilleras estaba compuesto por niños. Se cree que, en las milicias urbanas, la mayoría de los reclutas, el 85 por ciento, son menores de 18 años.[6]

Además de por las campañas de reclutamiento, el aumento del uso de niños combatientes podría deberse al empeoramiento de las condiciones de vida de muchos menores colombianos y la desesperación que esto provoca en los niños suficientemente mayores para preocuparse por su futuro. Según las estadísticas del gobierno, en 2001, dos de cada tres niños colombianos vivían por debajo de la línea de pobreza. Uno de cada diez estaba en la miseria.[7] Muchos de los niños que se unen a los grupos armados ilegales han abandonado los estudios en el quinto grado.[8]

Al mismo tiempo, los grupos armadas ven en los niños una fuente atractiva de reclutas maleables. Los niños son especialmente útiles en la guerra, ya que muy pocas veces calculan los riesgos, se adaptan fácilmente a un ambiente violento, comen menos, ganan menos y siempre están dispuestos a obedecer, dijo el Senador Rafael Orduz Medina, que ha propuesto leyes para la protección de los niños ex combatientes.[9]

Human Rights Watch calcula que el número de niños combatientes en Colombia, en el momento de escribir este informe, superaba los

11.000.[10] Basamos esta estimación en los estudios oficiales y otras investigaciones reunidos para este informe, así como en nuestras propias entrevistas con 112 niños ex combatientes.[11]

- Entrevistamos a 79 niños que habían pertenecido a 19 frentes rurales de la fuerza guerrilla más numerosa de Colombia, las FARC-EP. (Dos de ellos también habían servido en la UC-ELN.) Partiendo de nuestra información, calculamos que las FARC-EP tienen en sus filas a más de 4.100 niños. Los niños de las milicias urbanas de las FARC-EP serían otros 3.300, lo que sumaría un total de 7.400, más de una cuarta parte de los efectivos estimados del grupo.

- Entrevistamos a 20 ex miembros de la UC-ELN, ocho de los cuales habían formado parte de las milicias urbanas al menos durante una parte de su alistamiento en el grupo. Calculamos que al menos un tercio de los combatientes de la UC-ELN son niños, es decir, 1.480 de ellos.

- Entrevistamos a 13 ex miembros de las AUC. Calculamos que el 20 por ciento de los efectivos del grupo, 2.200 combatientes, son niños.[12]

Se trata obviamente de estimaciones. Otras instituciones que han estudiado el fenómeno han obtenido cifras diferentes en cierto modo.[13] Sean cual sean las cifras precisas, no cabe duda de que el uso de niños combatientes en Colombia es un problema grave, que es probable que se mantenga mientras estos grupos no cambien sus prácticas de reclutamiento.

Una de los resultados más inquietantes de nuestra investigación es el gran número de niños pequeños en las filas. De los 112 niños ex combatientes entrevistados por Human Rights Watch, más de dos tercios dijeron que los habían reclutado antes de cumplir los 15 años.[14]

Un niño ex combatiente de Puerto Berrío, Bernardo, nos dijo que empezó a manejar un rifle de asalto AK-47 cuando tenía siete años. "Los paras no me dejaron disparar al principio, sólo cuidarlo y hacer recados", explicó. "Le enseñan a uno poco a poco, primero con un 38 y luego con un arma más grande. Estaba disparando contra puestos con el AK-47 antes de cumplir ocho años".[15]

El reclutamiento de niños por parte de los grupos armados ilegales ha estado en segundo plano en el debate sobre la política estadounidense en Colombia. La atención se ha centrado con más intensidad en la tolerancia de las fuerzas armadas colombianas de otras graves violaciones o su complicidad en ellas. Éstas incluyen el apoyo o tolerancia de algunas unidades del ejército de graves abusos contra los derechos humanos cometidos por las fuerzas paramilitares, entre ellos masacres, asesinatos políticos, "desapariciones", secuestros, torturas y otras formas de maltrato. De hecho, los niños ex combatientes paramilitares entrevistados por Human Rights Watch sugieren que el personal militar colombiano continúa colaborando en su entrenamiento, están en estrecho y permanente contacto con sus comandantes y, en ciertos casos, combaten junto a ellos. Esto ocurre a pesar de las leyes estadounidenses que requieren, como condición para la entrega de ayuda militar, que Colombia rompa los lazos entre sus fuerzas armadas y los grupos paramilitares.[16]

"Estaba disparando contra puestos con el AK-47 antes de cumplir ocho años"

El Departamento de Estado de Estados Unidos ha informado de que tanto los paramilitares como la guerrilla reclutan a niños en sus fuerzas. En su informe anual de 2002 sobre las prácticas en materia de derechos humanos, el Departamento señaló que el Gobierno de Colombia era incapaz de proteger a los niños frente a esta práctica. Concluía que, "[a pesar de una variedad] de salvaguardias legales y programas, los compromisos del Gobierno con la protección de los derechos del niño no se habían cumplido plenamente".[17]

En 2003, Colombia recibirá más de 750 millones de dólares en ayuda de Estados Unidos, la mayoría de los cuales están destinados a la asistencia militar y policial.[18] En 2001, la Agencia Internacional para el Desarrollo comprometió un paquete inicial de 2,5 millones de dólares para asistir al Gobierno de Colombia en el mantenimiento de centros de reinserción social para niños ex combatientes.[19] Esta cantidad se duplicó en 2003 y se destinó al apoyo del programa de rehabilitación del ICBF, la formación de los empleados del sistema de justicia de menores sobre el trato especial necesario para los niños combatientes, la aplicación de una estrategia de prevención con el objetivo de disminuir la participación de los niños en el conflicto armado y el desarrollo de un plan de contingencia para una eventual desmovilización.[20]

Las FARC-EP

Las FARC-EP son el grupo guerrillero más antiguo de América Latina. Según el Departamento de Estado de Estados Unidos, las FARC-EP cuentan ahora con más de 16.500 combatientes entrenados y armados.[21] Esa cifra es más del doble que las estimaciones hechas en 1998 sobre el tamaño del grupo.[22]

En esta cifra no se incluyen las milicias urbanas de las FARC-EP, conocidas como milicias bolivarianas y milicias populares. Las bolivarianas alternan el uniforme militar con el atuendo civil y reciben entrenamiento militar. Los miembros de las milicias populares visten de civil, suele vivir en su casa, y participan en actividades civiles mientras reúnen inteligencia, cometen sabotajes, asesinatos y secuestros, recaudan "impuestos", obtienen suministros y reclutan. No reciben normalmente entrenamiento militar y se les suelen entregar armas cortas en lugar de armamento de combate. En conjunto, se cree que las milicias de las FARC-EP cuentan con 10.000 miembros, lo que suma una fuerza total de alrededor de 26.500 guerrilleros.[23]

En una entrevista con un periodista anónimo, el Comandante de las FARC-EP Manuel Marulanda Vélez declaró que los dos tipos de milicias diferían en su preparación para el combate. "Las populares son aquellas compuestas por personas cuya edad o estado físico, les impide la participación directa militar con el enemigo. Por ejemplo, los ancianos, niños, etc. Las Milicias Bolivarianas en cambio, tienen una estructura militar y están integradas por personas físicamente aptas para la confrontación militar directa con el enemigo".[24]

Las FARC-EP afirman que su alto mando, y no los comandantes individuales, dicta su política y sus actuaciones, y que mantiene una estructura de mando centralizada y vertical.[25] La máxima autoridad reside en un Secretariado General integrada por seis miembros y encabezada por Marulanda, alias "Tirofijo".[26] Marulanda, que ahora tiene más de 70 años, ha liderado a las FARC-EP desde su creación en 1966.[27] En junio de 2003, un tribunal de Bogotá anunció que había condenado en rebeldía a Marulanda por el delito de reclutar menores. El caso estaba basado en las acusaciones presentadas por las fuerzas armadas colombianas.[28]

El Banco de Datos, organización no gubernamental gestionada por varios grupos de derechos humanos y una de las fuentes más fiables de información sobre violaciones de los derechos humanos y del derecho internacional humanitario en Colombia, informó que se atribuían a las FARC-EP al menos 330 ejecuciones sumarias en 2002.[29] Ese mismo año, las FARC-EP también estuvieron implicadas en la muerte de más de un centenar de civiles en ataques indiscriminados con bombas de cilindros de gas.[30]

Asumiendo que una tercera parte de las milicias son niños, el número total de niños combatientes alistados actualmente en las FARC-EP puede superar los 7.400

En 1999, el Presidente de Colombia Andrés Pastrana inició conversaciones formales con la guerrilla con el fin de negociar la paz. Las conversaciones tuvieron lugar en una zona especial (en adelante la Zona) de más de 35.000 kilómetros cuadrados, del tamaño de Suiza, en el sur de Colombia, cedida al control de la guerrilla. La Zona englobaba a cuatro municipalidades del departamento de Meta-Mesetas, La Uribe, La Macarena y Vista Hermosa-y el municipio de San Vicente de Caguán, en el departamento de Caquetá. La guerrilla utilizó este refugio para reclutar a combatientes, entre ellos los niños que vivían en la Zona. El gobierno abolió la Zona el 20 de febrero de 2002.[31]

Puede hacerse un cálculo aproximado del número de niños combatientes que sirven actualmente en las FARC-EP partiendo de las estimaciones que nos dieron los niños sobre las unidades en las que combatieron, combinadas con las de otras fuentes autorizadas. Obviamente, dichas estimaciones deben manejarse con cuidado. Comparando las respuestas de los niños, es evidente que la proporción de niños varía considerablemente en cada unidad de las fuerzas guerrilleras, desde un mínimo del 10 por ciento hasta un máximo de la mitad. En la mayoría de los frentes hay una minoría significativa de niños menores de 15 años.[32]

Partiendo de las entrevistas realizadas por Human Rights Watch y utilizando un cálculo conservador, la proporción de niños en las FARC-EP sería del 20 al 30 por ciento. El 25 por ciento de su fuerza regular estimada supone 4.125 combatientes. A esta cifra habría que añadir los niños de las dos milicias urbanas que, según han reconocido las propias FARC-EP, reclutan sobre todo a los considerados demasiado jóvenes para el combate regular. Asumiendo que una tercera parte de las milicias son niños, el número total de niños combatientes alistados actualmente en las FARC-EP puede superar los 7.400.

Unión Camilista-Ejército de Liberación Nacional (UC-ELN)

La UC-ELN es un grupo relativamente pequeño y regional en comparación con las FARC-EP, sin embargo, puede tener una influencia determinante en las áreas donde mantiene una presencia militar. Un Comando Central de cinco miembros formado por los jefes de sus fuerzas militares es el órgano de gobierno de la UC-ELN. Aunque el Comando Central adopta las decisiones políticas y militares, se cree que los comandantes de campo actúan con mucha mayor autonomía que los de las FARC-EP.[33] El actual líder militar de la UC-ELN es Nicolás Rodríguez Bautista, alias "Gabino".[34]

La UC-ELN tiene su bastión el la región del Magdalena Medio y opera también en los departamentos de Bolívar, Nariño, Cauca, Antioquia, Valle y la región fronteriza con Venezuela. En los últimos años, se ha visto sometida a las fuertes presiones de las invasiones paramilitares de territorios que antes controlaba.[35] A diferencia de las FARC-EP y las AUC, que siguen creciendo en número, los efectivos de la UC-ELN alcanzaron un máximo de unos 5.000 combatientes a finales de los noventa y desde entonces han disminuido aparentemente a unos 4.500.[36] En 2000, según Antonio García, uno de los máximos dirigentes militares de la UC-ELN, el grupo contaba con 43 frentes en zonas rurales, diez frentes urbanos y 22 compañías móviles desplegadas en varias partes del país.[37]

La mayoría de los analistas coinciden en que la UC-ELN se ha beneficiado menos que otros grupos irregulares del narcotráfico, que el grupo afirma rechazar.[38] En cambio, para obtener fondos la UC-ELN recurre considerablemente a los secuestros y la extorsión, particularmente a las multinacionales y a las compañías petroleras. También ha cometido otros abusos violentos. En 2002, el Banco de Datos atribuyó 77 ejecuciones sumarias al grupo.[39]

Es difícil saber precisamente cuántos niños tiene la UC-ELN en sus filas, ya que el número de niños que han abandonado el grupo o han sido capturados es menor que en el caso de las FARC-EP. Las respuestas de los niños indican que algunas unidades están predominantemente integradas por menores mientras que en otras unidades su número es bajo. Sin embargo, calculamos que, en general, al menos una tercera parte, más de 1.480, de los combatientes de la UC-ELN son niños. Esta cifra incluye a los niños de las milicias urbanas de la UC-ELN.

Aunque se cree que la UC-ELN recurre con menos frecuencia al reclutamiento forzoso que las FARC-EP; Human Rights Watch descubrió que algunos frentes aparentemente lo utilizan de manera significativa. De los 18 ex combatientes de la UC-ELN que describieron las circunstancias de su reclutamiento a Human Rights Watch, seis (un tercio) dijeron que los habían reclutado contra su voluntad. De los 72 ex combatientes de las FARC-EP que nos facilitaron dicha información, siete (9 por ciento) dijeron que los habían reclutado por la fuerza. (Dos más dijeron que se habían alistado bajo presión.) Estas cifras no son concluyentes, pero indican que el reclutamiento forzoso es un problema mayor en la UC-ELN que en las FARC-EP.

Las fuerzas paramilitares

Hay al menos diez grupos que mantienen una cierta alianza dentro de las Autodefensas Unidas de Colombia (AUC).[40] Además, existen varios grupos independientes que nunca aceptaron el liderazgo de las AUC o se han separado de ellas públicamente, entre ellos el "Bloque Metro" de Medellín.[41]

Los líderes de las AUC afirman que el grupo tiene actualmente a 11.000 miembros armados.[42] Sus unidades operan en toda Colombia, incluidas grandes ciudades como Bogotá, Medellín y Cali.[43] Dentro de la alianza paramilitar, el grupo más numeroso es las Autodefensas Campesinas de Córdoba y Urabá (ACCU), que surgió en el nordeste de Colombia en 1994.[44]

Los grupos paramilitares de "autodefensa" tienen una historia en Colombia casi tan larga como la de los grupos guerrilleros contra los que se formaron. Han utilizado y continúan usando el terror dirigido contra lo que consideran redes civiles de apoyo a la guerrilla. Con frecuencia, sus objetivos son civiles simplemente culpables de habitar áreas donde la guerrilla está activa.[45]

Human Rights Watch ha documentado en una serie de informes los lazos entre los grupos paramilitares y unidades de las fuerzas armadas de Colombia, algunos de cuyos comandantes han promovido, fomentado y protegido a estos grupos, e intercambiado inteligencia, coordinado operaciones militares y compartido combatientes con ellos.[46] Aunque los grupos paramilitares se declararon ilegales en 1989, el Gobierno no los ha disuelto ni ha llevado ante la justicia a sus líderes ni a los oficiales militares que facilitan o toleran los abusos paramilitares.[47]

En 2002, el Banco de Datos atribuyó al menos 838 ejecuciones sumarias y 126 desapariciones forzadas a los paramilitares.[48]

En 1996, Castaño dijo a Human Rights Watch que comandaba a 2.000 combatientes armados y entrenados, una afirmación que fue confirmada por los analistas del Gobierno de Colombia.[49] En 2002, dijo contar con 11.200, multiplicando por más de cinco el número de combatientes en cuatro años.[50] El crecimiento espectacular de las AUC se debe en parte al reclutamiento de niños atraídos por salarios que van de los 900.000 a al 1.200.000 pesos (entre 366 y 488 dólares aproximadamente) cada tres meses, el plazo en el que muchos niños dijeron recibir su salario a Human Rights Watch.

Algunos grupos afiliados a las AUC han realizado agresivas campañas de reclutamiento que incluyen el alistamiento forzoso. En mayo de 2000, por ejemplo, se informó de que las Autodefensas Campesinas del Sur del Casanare habían distribuido panfletos llamando a los jóvenes para el "servicio militar obligatorio".[51] Se ha acusado al mismo grupo del secuestro de muchachas con fines sexuales.[52] Sin embargo, ninguno de los niños ex combatientes de la AUC entrevistados por Human Rights Watch afirmó que lo hubieran reclutado por la fuerza.

En septiembre de 2001, el Departamento de Estado de Estados Unidos incluyó a las AUC en su lista oficial de organizaciones terroristas, en la que se unió a las anteriormente incluidas FARC-EP y UC-ELN.[53] (La designación implica, entre otras cosas, que los bancos estadounidenses congelen las cuentas de las AUC y sus agentes.) Esto provocó un serio revuelo. En un año, los tribunales de Estados Unidos formularon cargos de narcotráfico contra Carlos Castaño y al menos otros dos paramilitares.[54] Castaño anunció la disolución de las AUC, aunque después afirmó que la coalición se había reunificado a pesar de ser presa de divisiones por el narcotráfico, una práctica a la que Castaño dijo oponerse.[55]

Como parte de su mea culpa, Castaño ha admitido públicamente que los beneficios del narcotráfico han financiado a las AUC y ha dicho que va a poner fin a esta situación.[56] Algunos de los grupos paramilitares más implicados en el narcotráfico, como el Bloque Central Bolívar (BCB), rechazaron inicialmente esta oferta, pero después dijeron que respetarían la decisión de Castaño.[57]

En un intento aparente de ganarse la respetabilidad política y el estatus de posible interlocutor en futuras negociaciones de paz, la renovada

AUC dijo que evitaría no sólo participar en el narcotráfico, sino también cometer masacres, "desapariciones", secuestros y algunas "prácticas crueles" en el futuro. Respetarían el derecho internacional humanitario en la medida que lo permitiera este tipo de guerra.[58]

El 29 de noviembre de 2002, Castaño envió una carta abierta al Presidente Uribe anunciando que las AUC cesarían unilateral e indefinidamente las hostilidades desde el 1 de diciembre y declarando su disposición a entablar negociaciones con el Gobierno sobre los términos de una futura desmovilización. En la carta se advertía, sin embargo, que si la guerrilla entraba en el territorio controlado por los paramilitares, las AUC harían "uso de defensa legítima". Castaño ofreció entregar inmediatamente al representante del Fondo de las Naciones Unidas para la Infancia (UNICEF) a los niños combatientes "liberados de su pertenencia a las fuerzas guerrilleras".[59]

Un día después, dos de los grupos paramilitares disidentes, el BCB y los Vencedores de Arauca, anunciaron un alto el fuego a partir del 5 de diciembre. Ese día, el BCB entregó a 19 niños combatientes de entre 15 y 17 años al Comité Internacional de la Cruz Roja (CICR), la Defensoría del Pueblo y el ICBF.[60] En junio de 2003, la BCB entregó a las autoridades a otros 40 combatientes-38 niños y dos niñas.[61]

Ese mismo mes, un grupo paramilitar autodenominado las Autodefensas de Meta y Vichada alegó que soldados de la Séptima Brigada del Ejército habían atacado a una unidad que se disponía a entregar a niños combatientes al UNICEF y al ICBF.[62] La oficina del Alto Comisionado para la Paz de Colombia confirmó que se había discutido la liberación de niños combatientes con el grupo y que era inminente.[63] Una investigación de la oficina forense concluyó que los muertos eran adultos y el grupo paramilitar reconoció posteriormente que sus alegaciones iniciales eran incorrectas.[64]

Uno de los que niños que habían servido más tiempo con los paramilitares, un muchacho desgarbado llamado Uriel, dijo a Human Rights Watch que había vivido en un campamento paramilitar en la región de Montes de María del departamento de Sucre. Dijo que había unas 200 personas en el campamento y que unas 60 de ellas eran niños, algunos de hasta seis años de edad.[65] Otro ex paramilitar, Óscar, que se había unido a las AUC cuando tenía 12 años, dijo que casi la mitad de los 800 reclutas de su campamento eran niños.[66]

Leonel, que tenía 14 años cuando se unió a los paramilitares, dijo que había otros 50 niños en el campo de entrenamiento al que había asistido en el departamento de Valle del Cauca, pero insistió en que los paramilitares no entrenaban a muchos niños. "De hecho, ellos no me querían porque era menor de edad", dijo. "Ellos sólo me aceptaron por hacerle el favor a mis contactos".[67]

Las AUC no han hecho público ningún dato sobre el número de niños en sus filas. Sin embargo, partiendo de la información disponible, Human Rights Watch cree que la proporción de niños en las filas paramilitares es algo menor que en el caso de la guerrilla. Basándonos en nuestra investigación, calculamos que un máximo del 20 por ciento, 2.200 personas, de las fuerzas de las AUC, incluidos sus efectivos urbanos, son menores de 18 años.

© Fundación Dos Mundos. Exposición "Colombia: Imágenes y Realidades" organizada por la Fundación Dos Mundos y Naciones Unidas. Entrenamiento de adolescentes en Autodefensas Unidas de Colombia - AUC. Selvas de Urabá, Chocó. Año 2002.
Autor: Julián Alberto Lineros Castro

IV. RECLUTAMIENTO: REGLAS Y PRÁCTICA

En estos dos últimos meses... [la guerrilla] ha reclutado unos veinte menores de edad (entre 14 y 17 años), sus familias lloran esta situación pero no encuentran remedio a estos males, por esta razón también se desplazan las familias en busca de seguridad. Otra situación es la vinculación de niños entre 7 y 14 años como "informantes" o espías en los pueblos donde están los contrarios; son comprados con dinero o promesas de ayudar a sus familias, algunos de ellos se involucran fácilmente por la vinculación de su familia.[68]

Las FARC-EP

Según un reglamento oficial de las FARC-EP, "el ingreso a las FARC-EP es personal, voluntario y consciente entre los 15 y 30 años".[69]

Las FARC-EP se comprometieron públicamente por primera a seguir esta política en 1999, cuando Olara Otunnu, Representante Especial del Secretario General de la ONU sobre el asunto de los niños y el conflicto armado, se reunió con Raúl Reyes, miembro del Secretariado General de las FARC-EP y responsable de la promoción internacional del grupo. Se informó de que, cuando Otunnu le expresó su preocupación por el reclutamiento de menores de edad, Reyes prometió que las FARC-EP pondrían fin al reclutamiento de niños menores de 15 años.[70] Sin embargo, nuestros hallazgos indican claramente que la guerrilla continúa reclutando a niños menores de 15 años.[71]

Con los años, la guerrilla ha ido dando varias explicaciones para la obvia discrepancia entre la regla y la práctica. Según un portavoz, los propios niños suelen suplicar insistentemente que les permitan alistarse, o sus madres les llevan a la guerrilla desesperadas porque no pueden alimentarlos.[72] Otro portavoz alegó que están más dispuestos a aceptar a reclutas menores de edad en las regiones frías y montañosas del país, donde las condiciones son más duras y es más difícil reclutar, que en las llanuras o la selva, donde se supone que es más fácil adaptarse a la vida guerrillera.[73]

La gran mayoría de los niños ex combatientes entrevistados por Human Rights Watch habían sido reclutados antes de cumplir la edad mínima declarada de 15 años. De los 72 ex miembros de las FARC-EP que especificaron la edad a la que se unieron al grupo, 57 dijeron haberse alistado cuando tenían entre 7 y 14 años. Su reclutamiento puede difícilmente deberse a un error provocado por la dificultad de distinguir a primera vista entre un niño de 14 años y uno de 15. Según nuestras entrevistas, la edad normal de reclutamiento oscila entre los 11 y los 13 años.

El asunto del reclutamiento de niños se discutió durante las conversaciones de paz entre el Gobierno y las FARC-EP. En abril de 2000, el Comandante Jorge Briceño Suárez, alias "Mono Jojoy", pronunció un discurso en San Vicente del Caguán en el que reconoció que las FARC-EP habían cometido "errores", entre ellos el uso de niños combatientes menores de 15 años.[74] Briceño es el Comandante del poderoso Bloque Sur de las FARC-EP y forma parte del Secretariado General, el órgano de gobierno del grupo. Según los residentes que escucharon el discurso, Briceño prometió que las FARC-EP adoptarían medidas, tales como el regreso de los guerrilleros menores de edad con sus familias, para remediar los problemas.[75] En una entrevista posterior con el canal de televisión español, TVE, Briceño dijo que el "reclutamiento de menores de edad tenía que parar".[76]

Después de estas declaraciones, los residentes de San Vicente informaron de que la guerrilla había devuelto a una serie de niños combatientes, entre ellos una niña de 12 años, a sus familias.[77]

En junio de 2000, el Comandante Carlos Antonio Lozada dijo en una entrevista con Human Rights Watch que, en 1996, las FARC-EP habían marcado la edad mínima de reclutamiento en 15 años. Admitió, no obstante, que "hasta hace poco, esta norma no se ha aplicado" pero dijo que, a partir de abril de 2000, después de lo que describió como declaraciones firmes de Briceño sobre el asunto, se había convertido en una "norma de obligatorio cumplimiento" y sería respetada en el futuro.[78]

Sin embargo, no se cumplió. No mucho después del discurso de Briceño y la entrevista de Lozada con Human Rights Watch, las FARC-EP enviaron a la columna "Arturo Ruiz", una unidad móvil de más de 360 combatientes, de la Zona al departamento de Norte de Santander. Muchos de los miembros de esta columna eran niños. En los últimos meses de 2000, la Quinta Brigada del Ejército y su Fuerza de Reacción Rápida tuvieron una serie de escaramuzas sangrientas con esta unidad dentro de la llamada Operación Berlín, que se describe con más detalle más adelante.

Ramón, de 16 años, dijo a Human Rights Watch que Briceño había hablado personalmente con él y con otros miembros de la unidad antes de que iniciaran su peligroso viaje. "Nos dijo que íbamos para el Norte de Santander, íbamos a pelear y que estuviéramos preparados para todo".[79]

Los cinco niños entrevistados por Human Rights Watch que habían sido capturados en la operación se habían unido a las FARC-EP antes de cumplir los 13 años, lo que no era en absoluto inusual. De hecho, una de las consecuencias de la Operación Berlín fue atraer la atención sobre el problema de los niños combatientes en Colombia. Dado que la cifra de niños capturados o muertos durante los combates fue tan grande, la Operación Berlín sirvió para alertar a las autoridades y a las agencias humanitarias internacionales del despliegue cada vez mayor de niños combatientes en el conflicto armado colombiano.[80]

La preocupación internacional provocada por las imágenes de víctimas infantiles hizo que la guerrilla entregara a 62 niños reclutas de la municipalidad de Uribe a los representantes del Gobierno y el UNICEF en febrero de 2001. Un mes después, se informó de que el Comandante Briceño había vuelto a prometer que se prohibiría que los comandantes de campo aceptaran en sus filas a menores de 15 años.[81]

Hasta la fecha, sin embargo, no ha habido ninguna muestra de disminución del reclutamiento de niños por parte de las FARC-EP. El Ejército de Colombia informó que de los 327 combatientes que habían desertado de las filas de la guerrilla en 2001, una tercera parte eran niños de entre diez y 17 años. De los 986 desertores registrados en los primeros diez meses de 2002, el 42 por ciento eran niños, y de ellos, 74 eran menores de 15 años.[82]

"Nos dijo que íbamos para el Norte de Santander, íbamos a pelear y que estuviéramos preparados para todo"

La prensa colombiana informa esporádicamente sobre el reclutamiento forzado por parte de las FARC-EP en zonas disputadas de todo el país. En julio de 2002, se informó de que los Frentes 39° y 44° de las FARC-EP habían reclutado por la fuerza al menos 35 niños en Puerto Alvira, Meta, antes de sacar a cientos de residentes de sus casas. "Los muchachos iban asustados y ninguno decía nada. Entre ellos reconocí a Marquitos, un habitante de Puerto Alvira, que ayuda a los chaluperos (barqueros) con las remesas", dijo un testigo a los reporteros.[83] En octubre de 2002, el Alcalde de Juradó, Chocó, una ciudad cercana a la frontera con Panamá, informó del reclutamiento de al menos ocho niños por parte del Frente 27° de las FARC-EP. [84]

La UC-ELN

El "Código de Guerra" de la UC-ELN declara que "no se incorporarán menores de dieciséis años a la Fuerza Militar Permanente, se podrán integrar a otras actividades revolucionarias diferente a la participación en las hostilidades".[85]

En los últimos años, los comandantes de la UC-ELN se han mostrado dispuestos a discutir asuntos relacionados con el derecho humanitario con los funcionarios gubernamentales, dentro del contexto de las propuestas para entablar negociaciones de paz más amplias. En julio de 1996, los comandantes Francisco Galán y Felipe Torres, encarcelados entonces en Itaguí, Medellín, emitieron una declaración sobre los niños combatientes en respuesta a una carta de la Directora del Instituto Colombiano de Bienestar Familiar, Adelina Covo de Guerrero.[86] En la declaración citaron el código antes mencionado, que también incluye la prohibición de la ejecución de menores, mujeres embarazadas y madres jóvenes. El documento señalaba que no se permitiría bajo ninguna circunstancia el secuestro de niños menores de 16 años por razones políticas o económicas.[87]

Galán y Torres explicaron el reclutamiento de niños como una respuesta a los ataques indiscriminados del Estado y las fuerzas paramilitares contra la población civil, incluidos los niños. En sus palabras:

La realidad y las condiciones de la confrontación nos ha llevado históricamente a ejecutar la siguiente práctica ante el ataque indiscriminado del enemigo a la población y en particular a los niños y a las madres: organizar áreas de repliegue para las familias con sus niños de tal forma que estén fuera de alcance de los operativos militares y paramilitares, mantener abiertos nuestros campamentos, nuestras zonas de seguridad y nuestro recursos para la protección de los niños frente a la operaciones envolventes o de inteligencia de las Fuerzas del Estado, formar y organizar a los hijos de la milicia en técnicas de seguridad, refugio y compartimentación".[88]

Argumentaron que, dado que las familias civiles que simpatizan con las fuerzas guerrilleras o simplemente viven cerca de ellas son objeto de ataques físicos, intimidación y hostigamiento por parte del Gobierno o de las fuerzas paramilitares, es inevitable que los niños puedan buscar refugio en la guerrilla o que sus padres los alisten a para su protección física. La guerrilla puede sentirse obligada a ofrecer dicha protección-a "mantener abiertos nuestros campamentos", en palabras de Galán y Torres.[89]

Es probable que la violencia indiscriminada del Estado, o de las fuerzas aliadas con él, dirigida contra los civiles facilite el reclutamiento de niños por parte de la guerrilla. No obstante, este argumento no debe utilizarse para justificar la práctica del reclutamiento de menores. Una vez reclutados y armados, los niños se convierten en combatientes y en objetivos del enfrentamiento militar. Se multiplican a violencia a la que están expuestos tanto del enemigo como de su propio bando si se cuestiona su lealtad. Es más, los argumentos de los comandantes son menos altruistas de los que parecen a primera vista: la guerrillera se beneficia obviamente de la presencia en sus campamentos de reclutas jóvenes y maleables.

En enero de 1998, la UC-ELN organizó públicamente la liberación de cuatro niños de entre 15 y 17 años que, según el grupo, habían suministrado al Ejército información que condujo a una ofensiva conjunta militar-paramilitar en las cercanías de la municipalidad de San Diego, Cesar. (Seis civiles fueron asesinados y siete secuestrados en el ataque.) Durante las largas negociaciones para la liberación de los niños, la UC-ELN expresó su voluntad de discutir la desmovilización de los niños y la prohibición de su reclutamiento en el futuro como una iniciativa importante para un futuro acuerdo humanitario con el Gobierno de Colombia.[90]

Seis meses después, dos comandantes de la UC-ELN firmaron el Acuerdo de Puerta del Cielo en la ciudad de Mainz, Alemania, en el que la UC-ELN resolvió no reclutar a niños menores de 16 años en sus filas y aumentar la edad mínima a 18 años en el futuro. Un atentado mortal de la UC-ELN contra un oleoducto poco después, en octubre de 1998, vició el ambiente de las negociaciones e impidió la aplicación del acuerdo y la propuesta celebración de una convención de paz entre la UC-ELN, el Gobierno y los líderes de la sociedad civil.[91]

En abril de 2000, el Gobierno y los líderes de la UC-ELN anunciaron la creación de una "zona de encuentro", que englobaba a tres municipalidades de sur de Bolívar y el nordeste de Antioquia, como escenario para la propuesta convención. Sin embargo, los paramilitares y la oposición local impidieron la celebración de conversaciones dentro de Colombia. Aunque las discusiones de paz han continuado, hasta ahora la UC-ELN no se ha mostrado dispuesta a introducir reformas humanitarias unilaterales sin concesiones del Gobierno.

Las AUC

En el artículo 9 del estatuto de las AUC se disponen los requisitos de entrada en la organización. Los aspirantes tienen que ser mayores de 18 años, de buena reputación y no tener un historial de "conducta indeseable o antisocial".[92] Sin embargo, en la práctica, el reclutamiento guarda muy poca relación con estos requisitos.[93] En ciudades de todo el país, los grupos paramilitares han reclutado a jóvenes curtidos por años de servicio en los carteles de la droga para sus tropas de choque, con la intención de sacar a las milicias guerrilleras de las barriadas que antes estaban bajo su control.[94]

Aunque los paramilitares han incumplido su propio compromiso de prohibir el reclutamiento de niños, la proporción de niños en sus filas se considera generalmente inferior a la de las FARC-EP o la UC-ELN. Esto puede deberse, al menos en parte, al hecho de que las AUC pagan a sus tropas y, por este motivo, tienen menos dificultades para reclutar a adultos.

Todos menos tres de los 13 niños ex paramilitares entrevistados por Human Rights Watch en junio de 2002 habían sido reclutados después de mayo de 1998, cuando la Segunda Conferencia Nacional de las AUC aprobó la edad mínima de 18 años. Los dos reclutas más jóvenes se alistaron a los siete y a los ocho años, otros siete se incorporaron cuando tenían 15 años y sólo cuatro cuando tenían más de 15 años. La mayoría de los niños dijeron que se habían entrenado con otros menores. Algunos dijeron que la mayoría de sus compañeros reclutas eran adultos, pero unos cuantos afirmaron que había "muchos" niños.

Bernardo, ex paramilitar, aclaró algo los esfuerzos de la AUC por aplicar el estatuto de 1998. A sus 17 años, Bernardo es analfabeto y padece pérdidas de memoria provocadas, según él, por los golpes en la cabeza que le propinaron en las FARC-EP durante su breve cautividad. Sin embargo, podía recordar claramente la introducción de la política paramilitar, suspendida posteriormente, de desmovilizar a los niños reclutas:

Dijeron que iban a sacar a todos los menores de edad, hicieron una lista grande para sacarlos porque no tienen estudios y cosas así. Fue Castaño el que dio la orden. Pero al final no cumplieron. Salieron mucha gente pero volvieron a recoger más gente porque necesitaban mucha gente contra la guerrilla. Eso fue hace unos dos años.[95]

© Fundación Dos Mundos. Exposición "Colombia: Imágenes y Realidades" organizada por la Fundación Dos Mundos y Naciones Unidas.
Entrenamiento de adolescentes en Autodefensas Unidas de Colombia - AUC.
Selvas de Urabá, Chocó. Año 2002.
Autor: Julián Alberto Lineros Castro

V. INCORPORACIÓN A LAS FILAS

Mi papá peleaba mucho con mi mamá y con nosotros también. Fue por eso que me fui pa' la guerrilla, pa' no pelear más. Fue más que todo porque me aburrí en la casa. Yo estaba estudiando y no querían darme estudios, entonces me fui. El que me convidó fue Escalante, un comandante, el reemplazante del frente. Me dijo "allá te pagamos y todo". Fue en una des esas reuniones que se hacían en todas las veredas.[96]

[Los paramilitares] tienen "manes" que reclutan, manes que hablan con uno: "no más quiero saber qué puede dar la vuelta, es que necesitamos una gente para traer con nosotros, y se gana tanto, tanto". Entonces uno le dice al man que sí y el man le da plata delante de uno, y le dice a uno tal día lo recojo o mañana por ti a tal hora y uno tiene que estar ahí, si no lo chamuscan.[97]

La mayoría de los niños combatientes colombianos se unen a la guerrilla o a los paramilitares por voluntad propia. No les obligan a punta de pistola, ni sus familias los coaccionan o amenazan físicamente. De los 112 entrevistados, sólo 13 nos dijeron que los habían forzado físicamente a incorporarse a un grupo armado.[98]

Sin embargo, es difícil asegurar con firmeza que el resto tomó la decisión libremente. En cambio, ésta parece condicionada por una falta de oportunidades de otro tipo.[99]

La mayoría de los niños proceden de entornos terriblemente pobres, donde carecen de cualquier oportunidad de educación, progreso personal o estatus social. La mayoría dejaron de ir a la escuela bastante antes de completar la educación primaria. Muchos fueron abandonados por sus padres o dejados al cuidado de familiares con mayores posibilidades de mantenerlos. Muchos provienen de relaciones inestables o son víctimas de la violencia doméstica o el abuso sexual. De los que trabajaron antes de alistarse, la mayoría tenían trabajos de muy baja categoría y mal pagados, y algunos estaban empleados en el procesamiento de la cocaína, que además de ser ilegal es peligrosa.[100]

Cada niño tiene una historia en cierto modo diferente sobre por qué salió de casa y se unió a la guerrilla o los paramilitares. Existen, sin embargo, denominadores comunes. En casi todos los casos, la decisión fue provocada por una combinación de factores como la pobreza, las privaciones, el subempleo, la escolarización truncada, la falta de afecto y de apoyo familiar, los malos tratos de los padres y la inseguridad. Entre los "factores de llamada" a filas se encuentran las promesas de dinero (habitualmente rotas en el caso de la guerrilla), la idea de una vida más fácil, la sed de aventura, el deseo de tener un arma y un uniforme y la simple curiosidad.

Incorporación a la guerrilla

Muchos de los niños pequeños que se incorporan a la guerrilla dejan atrás un hogar roto e infeliz. En algunos casos, son víctimas de la violencia y el abuso sexual. Osvaldo, de 14 años, nunca había asistido a la escuela y era analfabeto. Su madre le puso bajo el cuidado de una tía y su esposo, que, según dijo, le azotaba con cables eléctricos. Tenía 12 años cuando salió de casa en compañía de un miliciano de las FARC-EP.[101]

Muchos niños abandonan el hogar sin decir una palabra o dejar un mensaje a sus padres o familiares cercanos. Diego dejó a sus padres cuando tenía nueve años y se fue a trabajar en una finca de café. Se sentía solo e inseguro y junto con un amigo se incorporó a las FARC-EP:

> Mis padres me pegaban. Mi papá tomaba mucho y cuando estaba tomado me pegaba con un palo. Yo era muy peladito y sólo me

pagaban 4.000 pesos [1,50 dólares] al día en la finca cafetera, pero era suficiente para vivir. Las FARC iban por la finca de vez en cuando. Yo tenía un amigo que trabajaba con ellos. Después él me ayudó a entrar. Estaba yo cansado de trabajar en la finca.[102]

Peter, del departamento de Chocó, se unió al Frente "Aurelio Rodríguez" de las FARC-EP cuando tenía siete años. Nunca conoció a su padre y se encogía de hombros cuando le preguntaban sobre él:

Dicen que lo mataron, pero no lo conocí. Vi poco a mi mamá también. No tenía comida para mí. Vivía en la calle, en hogares. Tenía un tío que vivía en la vereda y había un grupo de las FARC que iba a su casa. No era de las FARC, era un campesino, hablaba con todos pero no estaba metido con ningún grupo. Y allá conocí la guerrilla. Uno se mete allá porque la mayoría de la gente allá es pobre, no tiene el estado económico para estar con la mama de uno, yo no tenía como para vivir con mi mamá, no podía, pues, porque aguantaba mucha hambre, yo pensé que faltando yo en mi casa tal vez mi mamá y mis hermanos, como eran menos, iban a comer mejor.[103]

"Yo pensé que faltando yo en mi casa tal vez mi mamá y mis hermanos, como eran menos, iban a comer mejor."

Betty vivía con sus abuelos. Nunca conoció a sus padres. Su abuela murió cuando tenía 13 años y Betty se fue a vivir con una tía en una parcela de tierra del departamento de Caquetá.

La guerrilla venía por acá mucho. Venían a comprar leche, aves de corral y plátanos. Yo me fui cuando tenía trece [años] y entré al Frente 24° de las FARC. Ellos me llevaron a su campamento y me dieron de todo. Me fui con ellos porque estaba muy triste y aburrida. Ellos eran como mi familia.[104]

Humberto, un frágil muchacho de 17 años con voz temblorosa, pasó dos años en el Frente 42° de las FARC-EP. Desertó cuando transfirieron a su tío a la Zona y no le permitieron acompañarle.

Tenía un tío en las FARC que llevaba bastante tiempo. Él iba a la casa y me echó a convidar y me dejé convencer. Estaba aburrido en la casa, antes de irse mi tío era el que me ayudaba con el colegio. Cuando él se fue, ninguno me ayudaba. Mi papá no estaba. Me hacía falta mi tío. Me ayudaba harto. Me fui para estar con él.[105]

En muchas áreas remotas o recientemente pobladas, los soldados y los funcionarios de la policía, bienestar social y educación solo tienen una tenue presencia. En contraste, la guerrilla o los paramilitares pueden ser reconocidos y respetados. "Roncesvalle no tiene policía, está lleno de FARC", dijo Saúl, que había trabajado en un finca de Tolima antes de unirse a la guerrilla. "Ellos caminan por la calle en sus uniformes. De verlos tanto, se me vino la idea de unirme a sus filas".[106]

Jorge, un joven serio y, hasta hoy, admirador de las FARC, se quedó deslumbrado:

Ellos van por allá por acá por el campo, uno le ve con ánimo a esa gente, pues, con sus fusiles, sus uniformes, entonces a uno le dan este ánimo y eso me pasó a mí. Yo tenía amigos en la guerrilla que convidaban a uno. El contacto era poquito pero me decían que la vida era buena, y todo, no le faltaban a uno la comida, la ropa, que nada faltaba, entonces a uno le daba ánimo y se iba. La decisión fue mía.[107]

Las armas, los potentes vehículos y las radios son símbolos de poder. Muchos de los niños y niñas consideraban que las armas eran bacanas y hablaban de las características de diferentes armas con la misma familiaridad que otros niños dedican a la música o el fútbol. "Me gustan las armas. Conocía de ellas, era fácil [tener acceso a ellas]", dijo Pedro, que también nos confió que le gustaban las películas de guerra. "Tenía una pistola que me había regalado un amigo de las FARC. Me dejaba usar su AK-47. Llegaban muchos paramilitares a las casas de la gente. Mejor atenderlos ahí que correr".[108]

La retirada de las fuerzas gubernamentales de la Zona durante las fracasadas conversaciones con las FARC-EP facilitó claramente el reclutamiento de niños, ya que la guerrilla pudo operar abiertamente en los pueblos. Severo, de Caquetá, nos dijo que había anhelado una vida con la guerrilla desde que era pequeño:

> Fue el Comandante Patiño quien me convenció finalmente. Estaban haciendo reuniones en toda la vereda. Algunas eran para el reclutamiento, otras más que todo eran porque había mucha gente que peleaba borracha, era más bien para poner a trabajar a la gente y controlar las peleas y sacar a los ladrones. Para que la gente pudiera confiar en todo el mundo porque había gente que hacía cosas, robaba mucho a otros civiles. Me encontré con el comandante reemplazante y me convidó.[109]

Muchos niños buscan a la guerrilla, pero los guerrilleros también vienen en su busca. Los milicianos urbanos, a veces ellos mismos niños, se encargan de gran parte del reclutamiento. Las FARC-EP ofrecen entrenamiento especial para esta tarea a los jóvenes que prometen. Muchos nuevos reclutas se alistan después de asistir a mítines públicos. Otros se incorporan en respuesta a un contacto casual en una esquina de la calle o en una heladería.

Carolina, una joven de 18 años de Putumayo con seguridad en si misma, fue entrenada para el reclutamiento por el Frente 49°:

> Durante tres meses estuve en un curso de formación política. Aprendimos cómo 'educar a las masas' y a reclutar más jóvenes. Ellos escogen peladas bonitas y "manes" pintosos, para que los muchachos tengan una buena imagen que quieran imitar. Muchas veces les decíamos mentiras para poderlos reclutar: les decíamos que les pagábamos bien y que la vida allá era buena. Arreglábamos una reunión en la escuela y la gente aparecía. A menudo, teníamos entre treinta a quince personas, yo daba el discurso de bienvenida y había un montón de otros discursos. Hablábamos un resto de los paracos [paramilitares] porque la gente les tenía miedo. Les decíamos que nos tenían que contar si algún extraño llegaba, que nos mantuvieran informados. También entrenábamos a los campesinos cómo defenderse. Les dábamos armas y ellos practicaban tiros.

Al final de la reunión la gente se nos unía. Muchos niños, es más menores de diez años. La mayoría tenían catorce o quince. Los comandantes prefieren menores porque aprenden mejor y son más sanos. El recluta ideal es de trece, porque así puede tener una formación política completa.[110]

Una vez que se establece contacto con un posible recluta, vienen las presiones. "En Arauca, no puedes ser neutral: Eres del Ejército o de los nuestros", nos dijo Marilín, una niña inteligente que se unió a las FARC-EP cuando tenía 12 años. Al igual Carolina, Marilín fue entrenada para reclutamiento:

En Arauca, hay mucha gente de las FARC. Entraba con mi uniforme puesto. Hacíamos un gran mitin y les daba una charla. Les decíamos que vigilaran a la gente, que controlaran a las personas extrañas y que nos dijeran o que los capturasen. Les decía que se nos unieran. Si no querían, tendríamos que investigar por qué.[111]

A los 17 años, Joseph ya era un veterano de las FARC-EP. Se incorporó cuando tenía nueve años, ascendió rápidamente a jefe de milicia y pasó después seis años de guerrillero. A los 13 años tenía bajo su mando a un centenar de combatientes:

Mi trabajo en la milicia era ir a decirle a la gente sobre los mítines. Éramos seis. A veces se presentaban de 15 a 20 personas. Si tenían niños, no tenían que unirse, pero tenían que organizarse para apoyarnos. Les poníamos mucha presión. En cada uno, tuvimos gente que se unió, normalmente de 14, 15 y 16 años.[112]

Ramiro fue reclutado en un bar de Barrancabermeja cuando tenía 13 años. Su padre, al que había visto escasamente, había sido sentenciado recientemente a muerte y ejecutado por las FARC-EP. Las relaciones con su madre se agriaron. En comparación con su turbulenta existencia, la vida en la guerrilla parecía una salida deseable:

Entramos a una cantina en Aguachica y nos pedimos a tomar cerveza y entro un "man" ahí y comenzó a hablar con nosotros: Que de qué parte éramos nosotros. Y me preguntó: ¿Uds. son paramilitares? Y nosotros contestamos que no, no tenemos nada con eso. Y empezó a hablar sobre la guerrilla, de que era bonita, que ellos pagaban a uno, que a uno le pagaba la familia, toda esta vaina. Y yo estaba cansado de estar para arriba para abajo de una parte a otra, con mi mamá, con mis tíos. Entonces yo me dejé convencer. Que a uno le daban ropa, todo lo que uno quisiera, así me dijo, que me iban a pagar 400.000 pesos mensuales [aproximadamente 135 dólares]. Y simplemente, lo único que uno tenía que hacer allá era cargar el fusil, montar la guardia, nada más que eso...Yo me deje convencer y fui con ellos.[113]

Ni las FARC-EP ni la UC-ELN habían pagado un salario a los niños que entrevistamos. La guerrilla cubría los gastos de los milicianos cuando estaban en una misión para la que necesitaban comprar alimentos y suministros. Según el Comandante Militar de la UC-ELN, Antonio García:

En el terreno urbano, hay miembros cuyo presupuesto tiene que cubrirse porque tienen que pagar gastos como la renta, etc. Están muy ocupados con sus actividades políticas así que pagamos sus gastos. Tienen un presupuesto que les permite realizar sus actividades, pero no lo consideramos un salario. Nuestra política es ofrecer un subsidio para mantener a las familias de los que no tienen un trabajo normal o están involucrados al 100 por ciento en el ELN. El resto de las familias, a excepto en circunstancias especiales, no reciben apoyo económico.[114]

"Y simplemente, lo único que uno tenía que hacer allá era cargar el fusil, montar la guardia, nada más que eso...Yo me deje convencer y fui con ellos."

Sin embargo, durante los mítines de reclutamiento, la guerrilla suele prometer salarios. Varios niños ex combatientes de las FARC-EP nos dijeron que se habían incorporado para ganar dinero y mandárselo a sus familias. No obstante, nunca les pagaron más que para cubrir sus gastos de mantenimiento.

"Yo estaba aburrido. No sé, me entró una loquera. Yo estaba trabajando en colectivos pero no ganaba suficiente para ayudar a vivir con mi familia. Me convencí cuando un compañero mío me dijo que me pagaban, pero era pura mentira".[115] Tenía 14 años entonces.

Algunos niños se unen a la guerrilla para protegerse. Edgar había estado alistado en la UC-ELN y los paramilitares le seguían la pista, por lo que se pasó a las FARC-EP por seguridad. Lo que Edgar valoraba de la vida en las FARC-EP es que se sintió respetado por primera vez y nadie podía insultarle. "Me sentí más hombrecito, más serio que en la casa".[116]

Incorporación a los paramilitares

Las fuerzas paramilitares pagan un salario mensual o trimestral a los niños reclutas que oscila entre los 900.000 y el 1.200.000 pesos (aproximadamente 300 a 400 dólares), con primas por misiones especiales. La mayoría de los niños ex paramilitares que entrevistamos dijeron que se habían alistado principalmente por el dinero, a pesar de que esta actitud no estaba bien vista por los líderes paramilitares. Muchos se incorporaron a las AUC en compañía de amigos o ya tenían contactos dentro del grupo.

"Después del colegio me iba a camellear como asistente en una panadería. Era un trabajo duro y mal pagado", dijo Leonel, que se incorporó a los 14 años. "Me fui a trabajar a una finca pero el camello era pesado también, así que finalmente me uní a los paras. Tenía amigos adentro. Pagan 300.000 lucas [100 dólares] al mes. Parecía como una vida fácil".[117]

Adolfo, un niño alto y de piel oscura, dijo que cuando se alistó le preguntaron cuánto dinero necesitaba para dejar a su familia. "Tienen manes que reclutan, reservistas del ejército. Preguntan cuánta plata necesitas. Si uno acepta la plata uno tiene que estar ahí, no se puede perder ni puel putas, se muere uno, se muere".[118]

Óscar, que había asistido a la escuela durante un año, tenía un hermano mayor en las AUC, un comandante que había muerto en combate. Varios amigos le invitaron a incorporarse. "Dijeron que era bonito. Me gustó la vida militar, era bacán", nos dijo con una mueca. Óscar fue capturado diez días antes de nuestra entrevista, después de tres años con los paramilitares.[119]

Jesús y su amigo Rigoberto, de Antioquia, se alistaron al mismo tiempo. Eran del mismo barrio y pasaban el tiempo juntos. Sin dinero, con hambre y sin nada que hacer, decidieron probar, "para ver cómo era". La experiencia solo duró dos días. En la madrugada del 2 de marzo de 2002, el Ejército entró en el campamento y se los llevó prisioneros. Jesús todavía llevaba su ropa de civil.[120]

Para algunos, como Laidy, una niña chiquita de 14 años de Casanare, la decisión de unirse a los paramilitares era aún difícil de explicar. "No sé por qué me metí. Yo no sabía nada de ellos. Lo decidí en el momento. Yo quería ser diferente. Quería aprender a defenderme".[121]

Uriel, un muchacho de aspecto duro, tenía un poderoso motivo para unirse a los paramilitares. Cuando tenía ocho años, él y su hermana pequeña fueron los únicos supervivientes de un ataque de las FARC-EP a su finca del departamento de Sucre en 1996. Dijo a Human Rights Watch que la guerrilla había asesinado a tiros a su padre, su madre y tres de sus hermanos. En lugar de irse a un orfelinato, Uriel eligió los paramilitares:

> Bienestar Familiar quería ponerme en una casa de menores. Yo no quería. Yo ya tenía diferentes amigos en las autodefensas. Estaba viviendo en la calle. Quería entrar a las AUC por venganza. Entonces, los compañeros me metieron y me pusieron a trabajar limpiando rifles, lavando uniformes. En ese momento tenía ocho años.[122]

Reclutamiento forzoso

El reclutamiento forzoso es la excepción más que la regla en Colombia. Rara vez se produce como una operación militar de captación forzosa en la que se llevan a los aldeanos a punta de pistola. Suelen utilizarse métodos de presión más sutiles. La inducción y la persuasión se respaldan con frecuencia con amenazas muy veladas. Existen informes fiables de que tanto las FARC-EP como la UC-ELN recurren en ocasiones a la fuerza para obtener nuevos reclutas. Está práctica es mucho menos habitual en las fuerzas paramilitares, probablemente porque pagan un salario a los combatientes y les es más fácil reclutarlos.

A pesar de que el tamaño de nuestra muestra no es estadísticamente significativo, es sorprendente que, de los 20 niños de la UC-ELN que entrevistamos, seis nos dijeran que los habían reclutado por la fuerza. Esto sugiere la posibilidad de que la UC-ELN recurra a esta práctica con mayor frecuencia que las FARC-EP.[123]

Jenny, una niña pequeña de rasgos indígenas, solo tenía 13 años cuando la milicia de la UC-ELN se la llevó por la fuerza en Boyacá:

> El ELN me obligó a entrar. Eso pasó hace tres meses, más o menos, al principio de marzo [2002]. Ellos venían con frecuencia a las casas de la gente, donde yo vivía [en el departamento] en Boyacá, nos decían que debíamos unirnos a las FARC o al ELN. Los dos grupos trabajan juntos. Ellos me decían que yo tenía talento. Las FARC exigían muchachos mayores de quince pero también recibían muchachos más jóvenes que eso. Los del ELN exigían que uno tuviera al menos once. Los adultos no tenían que hacerlo, pero también los invitaban a que se unieran.
>
> Ocho días después de que vinieron a mi casa, me obligaron a ir con ellos al campamento. Fueron doce horas de camino. Había como quinientas personas ahí, la mayoría niños, de pronto unos cincuenta habían sido reclutados a la fuerza. Ahí solo había como unos doscientos adultos.[124]

Johny, el más pequeño de ocho hermanos del departamento de Casanare, estaba en su antigua escuela (dejó de estudiar después de quinto grado) cuando un grupo de miembros de la UC-ELN se le acercaron y le amenazaron con matarle si no se iba con ellos. "Me forzaron a unirme", Johny dijo con firmeza. "Me dijeron que era por tres meses, luego me soltarían y me dejarían en la casa. No creo que me buscaban a mí, fue por casualidad". Johny fue capturado por el Ejército antes de que transcurrieran los tres meses.[125]

La experiencia de Xaviera en la guerrilla fue un regalo inesperado para su padre, que llevaba toda la vida con la UC-ELN. Xaviera, una adolescente de raza negra de la costa occidental de Colombia, nos dijo que su madre murió cuando tenía 14 años:

> Cuando eso pasó, mi papá me mandó para la guerrilla. Me dijo que me mandaba a trabajar. Me dijo que él tenía una cuenta pendiente con ellos, y que me tenía que enviar a cambio. Lo odiaba pero me dijeron que me tenía que quedar, que si trataba de escaparme me mataban.[126]

Soria, una muchacha tímida que no aparentaba sus 16 años, nos dijo que abandonó la escuela porque su familia no podía pagar las facturas. Trabajó de cocinera para una mujer que le regañaba constantemente. La mejor amiga de Soria se enamoró de un comandante de la UC-ELN y se unió a la guerrilla. El comandante amenazó con matarla si no se incorporaba también.

> Yo no quería ir. Me obligaron a trabajar como cocinera. La mayoría de los muchachos querían estar allí. Les gustaba cargar el arma, combatir. Yo estaba llorando y llorando.[127]

Margarita, una niña de 16 años de Boyacá, dijo a Human Rights Watch que dos hombres del Frente "José David Suárez" de la UC-ELN le vendaron los ojos y la secuestraron en casa de una amiga. No le dijeron nada y se la llevaron en un automóvil a un lugar donde había unos 50 guerrilleros, algunos de ellos más jóvenes que ella.[128]

La causa más plausible del reclutamiento forzoso es la incapacidad de las unidades de la guerrilla para llenar de nuevo sus filas tan sólo con el alistamiento voluntario. No podemos juzgar si el uso de la fuerza se autoriza al máximo nivel o si los encargados del reclutamiento recurren a la fuerza para cumplir sus objetivos, a pesar de que la política oficial del grupo prohíbe el empleo de la fuerza.

Esta práctica también tiene lugar en las FARC-EP. Gilberto, de 12 años, había estado destilando cocaína en el departamento de Putumayo, pero ya no había más trabajo en su pueblo:

> Me invitaron a trabajar en otro pueblo donde no me conocía nadie. Tenía una pistola del .38 para mi protección. Unos manes de las FARC me pararon con unas pistolas porque pensaban que yo era paramilitar. Me capturaron y me amarraron. Me investigaron, pero porque nunca había estado con ningún grupo no me pudieron matar porque no tenían ninguna prueba, no me hicieron nada. No quería unirme pero me convencieron de que si no me les unía me mataban. Sentí que no tenía opción.[129]

Juan José es un Sicuani del departamento oriental de Vichada, que hace frontera con Venezuela y alberga al mayor número de comunidades indígenas.[130] En noviembre de 2001, un escuadrón de las FARC-EP que pasaba por su aldea le reclutó por la fuerza junto con otros miembros de la comunidad, entre ellos mujeres y niños. Obligaron al grupo a marchar durante tres días hasta llegar al campamento guerrillero. Tras 15 días de entrenamiento, trasladaron a los nuevos reclutas en un viaje de tres semanas por río de Vichada a La Macarena, Meta, en el corazón de la Zona:

No quería unirme pero me convencieron de que si no me les unía me mataban.

> Como ellos siempre llegaban allí, me aconsejaban, me decían muchas cosas, que uno no sufre en la guerrilla, que a uno no le falta nada ni mata a nadie, pero era mentira, ya que cuando uno está metido, ya no, a uno le mandan a hacer muchas cosas. Me dijeron que si yo no ingresaba, me mataban. Pasó lo mismo con varios indígenas como yo. Era un rombo de cinco personas, fueron ellos que me llevaron. Había otros indígenas en la guerrilla, adultos y niños.[131]

Johana, estudiante de séptimo grado, se llevaba bien con sus padres. La obligaron por la fuerza a incorporarse a las FARC-EP en diciembre de 2000 en Putumayo:

> Cuatro manes que no conocía me cogieron en la calle, me pusieron dentro de una camioneta y me llevaron al campamento. Estaban armados con Galíl [rifles de asalto]. Dijeron que estaban recogiendo niños andando en la calle. Otros cuatro estudiantes fueron capturados conmigo. No les importó que fuéramos estudiantes. Yo les dije que me quería ir. Yo lloraba y todo pero no me dejaban ir. Por varias semanas extrañé mucho mi casa, estaba muy triste pero después me acostumbré. Después de un mes, más o menos, mi familia vino al campamento. Se averiguaron que la guerrilla me había cogido. Me dejaron hablar con ellos pero otros guerrilleros estaban al lado mío cuidándome. Yo me quería ir pa' la casa pero ellos no me dejaban. El comandante me dijo que él me hubiera dejado ir si mi familia venía a recogerme después de cinco días, pero no después de un mes.[132]

La experiencia de Arlette fue similar. También estudiante de séptimo grado, pasó cuatro meses con las FARC-EP antes de darse a la fuga:

> Yo vivía con mis papás y mis hermanos en un pueblito cerquita a Popayán, Cauca. Estaba en séptimo grado. Me gustaba la escuela. Fue un viernes. Fuimos abajo al río a nadar y nos cogieron. No nos dijeron porqué. Eran cuatro con uniformes y armas. Tenían AK-47 y Galíl. Éramos cuatro mujeres: Sofía, de quince; Juanita, de catorce; Margie, de dieciséis y yo. Nos llevaron pa' arriba pa' las montañas, al campamento. A las ocho de la mañana del otro día, nuestras familias aparecieron porque alguien les contó lo que había pasado, pero las FARC no querían dejarnos ir. Ellos nos dijeron que nos teníamos que quedar porque necesitaban gente que les ayudara. Ya nos habían dado los uniformes y las armas. Nos dijeron que ya no se podía salir. Luego nos separaron a nosotras cuatro, nos enviaron a diferentes frentes.[133]

Durante sus cuatro años en las FARC-EP, Ángela trabajó de enfermera y de reclutadora. Desde el otro lado de la barrera, Ángela confirmó las versiones de los niños sobre el uso de la fuerza y de amenazas para obtener nuevos reclutas.

Una vez en 1999, obligamos a algunos niños a unirse. Les dijimos que estábamos con la guerrilla y ellos nos dijeron que no se querían unir, que querían seguir estudiando. Les dijimos que ya estaban con nosotros, que no se podían ir. Estábamos armadas y les dijimos que tenían que venir con nosotros. Eran más o menos diez de ellos, entre los dieciséis y los diecisiete años. Estaban muertos del susto. Pero necesitábamos gente, así que los montamos en nuestra camioneta y nos los llevamos para el campamento. Me sentí mucha pena.[134]

© Fundación Dos Mundos. Concurso de fotografía: "Las otras huellas de la guerra"
Campamento Fuerzas Armadas Revolucionarias de Colombia - FARC.
San Vicente del Caguán, Caquetá. Abril 29 de 2000.
Autor: Carlos Vásquez Manrique

VI. LA VIDA EN LAS FILAS

Por unas partes en la guerrilla era bueno, bueno cuando uno estaba en campamento, ahí estaba uno contento, podía salir a fiesticas, así, tomar aguardiente, todo eso, y bailar. También lo más feo era cuando le tocaba combatir. Ahí si ya era terrible.[135]

Así es como era en la guerrilla. Me fui a las letrinas y empecé a llorar. La muerte de mi hermana me golpeó muy duro. Intenté escaparme dos veces después de eso pero nunca tuvo oportunidad. Empecé a planearlo, pero tuve miedo de que me mataran si me agarraban.[136]

Rutina diaria en las fuerzas guerrilleras

La vida de los niños en las fuerzas guerrilleras es muy parecida a la de los adultos. Ya sean jóvenes o mayores, los reclutas sacrifican su libertad y su autonomía al incorporarse a la guerrilla. Las salidas y las entradas al campamento están controladas y todas las actividades diarias estrictamente programadas.
Es necesario un permiso especial de los superiores para las actividades que corresponderían normalmente a la esfera privada celosamente guardada por cualquier adolescente. A diferencia de los milicianos, que suelen vivir en sus casas, el programa diario normal de un interno, o guerrillero en entrenamiento, sigue una rutina altamente estructurada. Wilson, un joven de Meta bien articulado, describió un día normal en las FARC-EP:

Nos levantábamos a las 4:30 a.m. y tomábamos tinto. Teníamos entrenamiento de 5:00 a 6:00, correr y hacer ejercicios. A las 6:30 teníamos el desayuno: caldo de papa, arepa y chocolate. De 7:00 a 11:00 más entrenamiento. A las 11:00 el almuerzo: carne fría, arroz y limonada. De 12:00 a 3:00 p.m. más entrenamiento. A las 3:00 p.m.: avena y galletas. A las 3:30 p.m. a lavarse en el río. A las 5:00 empezaba la guardia y los servicios. El comandante decide quien hace los servicios: cocinar, etc.[137]

Según todas las versiones, la vida militar en la UC-ELN es menos estricta y la disciplina de aplica de manera menos rígida. Al parecer, se concede especial importancia a la educación política. Los niños pueden contar con un período de ajuste a su llegada al campamento. Algunas unidades de la UC-ELN, por ejemplo, reservan, al parecer, un período de prueba de tres meses para los niños reclutas, después del cual pueden irse si quieren.[138]

En las FARC-EP, los niños solo tienen unos cuantos días, como mucho, para adaptarse antes de que empiece el entrenamiento. Una vez admitidos, se les entrega habitualmente un uniforme y equipo, se les atribuye un nombre de guerra y, a veces, se les asigna un mentor para que los supervise. Algunos niños dijeron que tuvieron que jurar su lealtad a la guerrilla.[139]

Como recordó Wilson, en su entrevista para incorporarse:

> El comandante nos hizo muchas preguntas cuando llegamos: nuestros nombres (ellos nos dijeron nuestros nuevos nombres, el mío era Franklin); cuántos años teníamos. Nos preguntaron por nuestras familias, de dónde eran; sobre la escuela, hasta qué grado habíamos hecho; y por qué queríamos ingresar. Yo les dije que estaba aburrido. Me dijeron que si no me gustaba que les dijera, que tenía tres días para pensarlo. Después de tres días, me preguntaron que si quería irme a casa, y yo les dije que no.[140]

Casi todos los niños comentan que una de las partes más duras de la vida guerrillera son las largas marchas, cuando los guerrilleros trasladan su campamento y tienen que caminar a veces durante varios días y noches con escasa o ninguna comida. Los niños tenían que cargar todo su equipo a los hombres, incluidas las caletas y los utensilios de cocina, a los hombro, así como su rifles de asalto y munición. La disciplina era especialmente estricta durante estas marchas debido al temor a ser detectados. Los niños tenían que hacer guardia durante largas horas, combatiendo el sueño a sabiendas de que podrían ser fusilados si los descubren durmiendo.

Contacto con la familia

Una vez admitidos en la guerrilla, los niños reclutas a penas ven a sus padres, hermanos o familiares cercanos. Muchos de los niños ex combatientes de las FARC-EP entrevistados por Human Rights Watch no pudieron visitar o comunicarse en absoluto con sus familias después del reclutamiento. Aunque no existía una prohibición general del contacto con la familia, tenían que tener permiso para poder visitar a la familia o enviar o recibir mensajes.

Muchos niños señalaron que les habían negado repetidamente dicho permiso y les habían recomendado que no intentaran mantener los lazos familiares. Algunos como Marta, de 17 años, perdieron simplemente todo contacto. "No te dejan hablar con la familia. Probablemente pensaron que estaba muerto".[141]

Omar, que había sido criado por su madre después de la separación de sus padres, nos dijo:

"No te dejan hablar con la familia. Probablemente pensaron que estaba muerto".

> Nunca me dieron permiso para ver a mi mamá. Ella vivía cerca, a un día del campamento. Todos los días pedía permiso. No me dieron razón. Solo decían "mejor olvidar de tu mamá". Me sentí mal porque es el ser más querido que tenga uno.[142]

La excepción es la enfermedad grave, cuando el niño se convierte una carga para los limitados recursos médicos del campamento. Los niños enfermos que no responden al tratamiento se envían a veces a casa. La enfermedad de los padres podía despertar también la compasión para conceder un permiso, pero era discrecional, no un derecho. Como explicó Mauricio, un muchacho franco:

> Yo estuve dos años sin ver a mi familia. No me despedí de ellos cuando me fui pero ellos averiguaron donde yo estaba de otros. Algunas veces, mi mamá me mandaba regalos al campamento. Hasta que me enfermé (a los trece años) me dejaron irme a la casa. Tenía malaria y me quedé en la casa por un mes. Después de esa ida, no volví a ver a mi familia hasta que dejé a las FARC.[143]

Peter, de 15 años, que se incorporó a las FARC-EP cuando tenía siete años, también pudo irse a su casa cuando cayó enfermo:

> El campamento estaba como a cinco horas de camino de la casa de mi mamita. Me dieron permiso de irla a ver una vez cada cuatro meses. Cuando tenía como once años, me dio una infección tenaz en el oído. Se me puso más tenaz con los mosquitos. Me mandaron pa' la casa y me quede dos meses. No volví pero me uní al ELN.[144]

Algunos niños dijeron que habían echado mucho de menos su casa y pasado graves depresiones, especialmente nos que no se habían incorporado voluntariamente. La compasión fue escasa en dichos casos. Los niños podían ser castigados por el simple hecho de no poder salir de una depresión.

Como explicó Vicente, de 16 años, "cuando los niños lloran son 'desmoralizados'. Tienen que aguantar, a menos que estén gravemente enfermos. Si los comandantes piensan que están fingiendo, los hacen consejo de guerra."[145] Juan Pedro reforzó este punto: "La desmoralización insuperable es un crimen. Es cuando una persona esta mamada de esto, cuando piensa en desertar".[146]

A veces, la separación forzosa afectó tanto o más a los padres que a los hijos. Marcos, un muchacho de 18 años aparentemente de clase media, nos contó la historia del reencuentro del hijo pródigo con su familia después de pasar más de tres años en las FARC-EP. Tras escaparse del campamento en una camioneta Toyota y saltarse tres retenes de la Policía y del Ejército, cuando se dirigía a su casa en la oscuridad, se estacionó finalmente frente a la casa de su padre:

> Entonces di la vuelta a la casa y me estacioné en frente de la casa por la otra acera y vi a mi hermanastra, Eliana, y le dije "Hola Elianita ¿cómo estás?", y me dijo "perdón, ¿usted quién es?" Y yo le dije "¿usted no se acuerda de mí? Yo soy Marcos". Se me daba por muerto seguramente, porque se le salieron las lágrimas a esa china, entonces me dijo que mi papá estaba muy cambiado, que había sufrido mucho, que me mantenía pensando. Es que yo había dejado muchos recuerdos, el diploma, fotos de cuando yo era de danzas, yo estuve en lo de contrapunteo y todas esas fotos quedaron en grande. Cuando llegué a pie me abrazaron todos. Entonces a mí se me salieron las lágrimas, adentramos y entonces toda esa ropa que yo había dejado donde yo vivía no me quedaba buena; entonces ni modo de cambiarme. Entonces, mi hermanastro me prestó ropa de él.[147]

Descanso y recreo

Ninguno de los grupos armados irregulares dedica recursos a ayudar a los niños a continuar su educación truncada. Ninguno de los niños combatientes entrevistados por Human Rights Watch dijo haber recibido instrucción alguna sobre leer o escribir, a pesar de que muchos de ellos están escasamente alfabetizados.[148]

La guerrilla no impartía enseñanzas no militares a parte de las clases políticas y charlas sobre las normas y los reglamentos. En junio de 2002, un periodista de El Tiempo que esperaba para entrevistar a un comandante de las FARC-EP vio a "dos guerrilleras que no llegan a los 18 años toman nota en un cuaderno. Están sentadas bajo el techo de plástico negro de su caleta, donde escampan de un aguacero. 'Carlos Marx nació en marzo de 1818', le dicta una a la otra".[149]

El tiempo asignado al recreo en los campamentos se dedica principalmente a nadar en el río, los deportes, los juegos y ver televisión y videos. Las películas de acción, de artes marciales y de guerra son la principal programación. Se celebran fiestas en torno a la Navidad, el Año Nuevo y el aniversario de la fundación de las FARC-EP, el 28 de mayo. En estos eventos, se permite beber alcohol, pero los que beben en las horas no previstas sin permiso se arriesgan a ser castigados. El consumo de drogas, como la marihuana o la cocaína, está estrictamente prohibido por todos los grupos armados de Colombia.

Los reclutas tienen que estar en guardia incluso durante el tiempo de descanso. Como explicó Marilín, una inteligente joven de 15 años de Arauca:

> De las 7:00 p.m. a las 8:00 p.m. era la hora de las noticias por la televisión. De 8:00 a 9:00 p.m. hablábamos sobre lo que habíamos visto. Pero tenías que tener cuidado con lo que decías. Si no estabas de acuerdo te quedabas callada. Porque si no, ellos empezaban a preguntarse por qué estabas defendiendo al gobierno. Podían pensar que eras un infiltrado. No decías nada. Por ejemplo, si veías en la televisión que las FARC-EP habían hecho algo malo como destruir una casa con una mujer y un niño adentro, te quedabas calladita.[150]

En otros momentos, los niños podían relajarse y olvidarse del conflicto por un momento. "Un día en que el comandante fue de cumpleaños organizamos una fiesta. Llegó un equipo, sacó instrumentos y llevó luces al campamento. Y todo eso se arregló bien. Y hubo aguardiente. Llegaron las milicias. Fue bonito. Bailamos toda la noche", recordó Darío, de 13 años.[151]

Orlando, del Frente 29° de las FARC-EP, dijo: "cada semana tuvimos un 'miércoles recreativo', desde las seis de la tarde hasta las ocho. Cantamos, echamos cuentos y juegos, como 'capitán manda marinero' [oficios]".[152]

Religión

Aunque las prácticas religiosas como la oración no están realmente prohibidas en las fuerzas rebeldes, no están permitida ninguna expresión pública y sólo pueden realizarse en solitario o en privado. En general, existe muy poca tolerancia por la religión o comprensión de las necesidades espirituales. Ninguno de los dos grupos guerrilleros más numerosos respalda las prácticas religiosas de ningún tipo.

A pesar de que las tropas están constantemente expuestas al peligro o el sufrimiento físico, no hay nadie cerca que les procure consuelo espiritual. Aunque la mayoría de los guerrilleros son cristianos al menos en teoría, no se práctica ningún servicio religioso, tales como misas, bautismos o celebraciones de santorales. No hay capellanes para tomar confesión, administrar la extremaunción o celebrar bodas o funerales.[153]

Como explicó Pedro, católico practicante:

> No se hablaba de religión en las charlas, pero las misas están totalmente prohibidas por regla. Se tiene que olvidar de Dios como de su familia. Yo escondía una Biblia en mi mochila pa´ que nadie se diera cuenta. Me daba miedo de que me la encontraran porque si no me castigaban con ocho viajes de cargar madera y me quemaban la Biblia. También tenía un escapulario, pero me lo escondía debajo de mi camiseta. Yo solía rezar muy pasito y muy rápido. La gente nunca reza junta. No hay una iglesia. Tú tienes que encontrar tu propia fuerza interior.[154]

Teddy, que había pasado cuatro años en la UC-ELN, nos habló de su amiga María, que fue ejecutada por ir a misa al pueblo sin permiso:

> Ella venía de una familia muy católica. Los comandantes mandaron a algunos combatientes a que se la llevaran lejos y la mataran. Cogieron su uniforme y su rifle y se lo llevaron lejos antes de matarla, le pusieron ropa de civil y la mataron. Porque hubo una protesta grandísima, los comandantes nos reunieron y nos dijeron que lo habían hecho porque el comportamiento de ella no era permitido, porque ella no había tenido permiso de ir a la iglesia y había desobedecido las advertencias.[155]

La vida en los campamentos paramilitares

Al no entrevistar más que a 12 niños ex paramilitares, nos fue más difícil formarnos una imagen de la vida en las filas paramilitares. Al igual que en los campamentos de la guerrilla, no se trataba de manera diferente a los niños de los combatientes adultos. Cómo describió Óscar, de 15 años,

> Tratan igual a los niños y a los adultos, salvo que los adultos tenían que cargar cosas más pesadas. Pero dormían en el mismo sitio, compartían las mismas cosas y comían la misma comida que los comandantes. El domingo era el día de descanso. Lavábamos la ropa y comprábamos cosas que necesitábamos. De lunes a sábado, caminábamos. Siempre estábamos moviéndonos, cambiamos de sitio todos los días.[156]

Los niños paramilitares también tienen que pedir permiso para visitar a sus familias:

> Pensé en servir por un tiempo y ganar algo de dinero para comprar una finca. A veces, trabajaba siete meses y ganaba dos millones de pesos [667 dólares], pero me lo gastaba. Después de servir siete u ocho meses, puedes pedir permiso para visitar tu casa. Fui tres veces, durante 10 o 15 días. Una vez que caí enfermo con malaria, me fui a casa un mes.[157]

Niña sometida a prostitución. Cartagena, Colombia
Autor: William Fernando Martínez

VII. NIÑAS

Cuando las peladas entran a las FARC los comandantes escogen entre ellas. Hay mucha presión. Las mujeres tienen la última palabra, pero ellas quieren estar con el comandante para que las proteja. Los comandantes las compran: le dan a la pelada plata y regalos. Cuando uno está con un comandante no tiene que trabajar duro. Así que la mayoría de las peladas lindas están con los comandantes.[158]

Todos los grupos armados irregulares de Colombia reclutan a mujeres y niñas para el combate. De hecho, más de una cuarta parte de los 112 menores ex combatientes entrevistados por Human Rights Watch eran niñas, la mayoría de ellas habían formado parte de las FARC-EP. Según el testimonio de los ex guerrilleros, las unidades de las FARC-EP tienen habitualmente entre una cuarta parte y casi la mitad de mujeres, y pueden contar con niñas de hasta ocho o nueve años de edad.

Human Rights Watch entrevistó a Juana, una niña de 12 años que se incorporó a las FARC-EP cuando tenía siete años, después de que su padrastro la echara de casa, y estuvo en el grupo durante cinco años. Al igual que Juana, la mayoría de las niñas se unen a las fuerzas guerrilleras cuando tienen menos de 15 años, la edad mínima oficial para el reclutamiento tanto en las FARC-EP como en la UC-ELN.[159]

Juana era la muchacha más joven de su unidad, pero no era la única preadolescente. Nos habló de otra niña pequeña, de nueve años, que siempre estaba llorando porque echaba de menos a su familia. Juana tampoco estaba contenta. Dijo que peor parte de pertenecer a las FARC-EP era tener que participar en el combate, ya que tenía un terrible miedo a morir. Intentó escapar de las FARC-EP cuando tenía 11 años, pero la atraparon y la amarraron.[160]

Ocho de las niñas que entrevistamos habían formado parte de la UC-ELN. Aunque Human Rights Watch no encontró a ninguna antigua guerrillera de la UC-ELN que se hubiera incorporado al grupo antes de los 12 años de edad, supimos de varias muchachas que se habían alistado con 12 o 13 años. En general, la proporción de mujeres y muchachas en la UC-ELN es aparentemente similar a la de las FARC-EP.

Las fuerzas paramilitares suelen tener una proporción mucho menor de mujeres que la guerrilla, y muy pocas niñas. Human Rights Watch sólo entrevistó a una niña que había servido con los paramilitares. Se había incorporado cuando tenía 12 años y en su grupo sólo había siete mujeres, contándola a ella, entre un centenar de hombres y muchachos.[161]

Reclutamiento

Las razones por las que las niñas se incorporan a los grupos armados ilegales son extraordinariamente similares a las de los niños, salvo que varias de las muchachas entrevistadas por Human Rights Watch dijeron que se habían ido de casa debido al abuso o el acoso sexual. Jessica, que se incorporó a las FARC-EP cuando tenía 15 años, dijo:

Mis papás se divorciaron y mi mamá tiene otro marido. Yo me fui de la casa porque tenía problemas con él, trataba de aprovecharse de mí. Mi mamá no quiso creerme cuando le conté eso.[162]

Otra antigua guerrillera explicó: "Cuando tenía 12 años un primo me violó. Estaba tan brava que quería venganza, quería herir a todos los que me habían herido a mí". Dijo que decidió a unirse a las FARC-EP impulsada por esta ira.[163]

A pesar de los estereotipos, muchas niñas nos dijeron que les atrajo la idea de estar armadas y llevar uniforme. Una antigua paramilitar señaló que se había alistado porque quería aprender a defenderse. El poder que transmite el boato militar de los grupos es una tentación para muchas muchachas. Como nos dijo un niña mientras explicaba las razones para incorporarse a las FARC-EP: "Yo me metí a la guerrilla para escapar... pensé que iba a tener plata y que iba a poder ser independiente".[164]

Vida diaria

Las niñas no se libran de ninguna de las penalidades de la vida guerrillera o paramilitar. Tienen el mismo papel que los muchachos: luchar y matar. Al igual que sus compañeros varones, aprenden a manejar armamento, recopilar inteligencia y participar en operaciones militares. Al igual que todos lo combatientes, suelen acabar heridas o muertas.

"Cuando tenía 12 años un primo me violó. Estaba tan brava que quería venganza."

Muchas niñas insistieron en que, en comparación con el mundo civil, la vida guerrillera es igualitaria. Las mujeres y los hombres reciben el mismo entrenamiento y son responsables de las mismas tareas. Aunque los altos mandos de las FARC-EP y la UC-ELN son hombres, las mujeres tienen más o menos las mismas oportunidades que ellos de llegar a comandantes de campo. Human Rights Watch entrevistó a varias niñas que habían ostentado puestos de mando en las fuerzas guerrilleras, con autoridad para dar órdenes a hombres y muchachos mucho mayores que ellas.

"Yo era la mejor en los entrenamientos, por eso me dieron un encargo rápido", dijo María Claudia, una niña despierta e inteligente que se había unido a la UC-ELN cuando tenía 12 años. "Primero me dieron un tríada, de tres personas, después un pelotón de diez". Cuando salió de la UC-ELN, a los 14 años de edad, tenía a su cargo un grupo de 30 combatientes.[165]

Acoso y abuso sexual

A pesar de la relativa igualdad, las niñas de las fuerzas guerrilleras siguen enfrentándose a presiones relacionadas con el género. Aunque, en general, las niñas entrevistadas por Human Rights coincidieron en que no se toleraban la violación ni el acoso sexual abierto, describieron cómo los comandantes varones utilizan su poder para formar lazos sexuales con muchachas menores de edad (En Colombia, la edad mínima legal para que una niña mantenga relaciones sexuales es 14 años).[166]

"Ellos escogen a las niñas más bonitas", señaló una niña, "y les dan regalos y privilegios". Es posible que estas relaciones no sean forzadas, pero tienen lugar en un contexto en el que las niñas están claramente indefensas y los comandantes pueden tener autoridad sobre la vida y la muerte.[167]

Andrea, de 16 años de edad, nos dijo que su relación con un comandante más mayor la salvó de la ejecución cuando sospecharon que colaboraba con el Ejército. El comandante, un alto mando del Frente 71° de las FARC-EP había iniciado una relación con Andrea cuando tenía 35 años y ella 12. "A mi me gustaba mucho él", dijo Andrea a Human Rights Watch. "Él me protegía".[168]

Cuando ella y otras muchachas se vieron implicadas en un plan para suministrar información al Ejército, su novio la defendió. Mientras que ejecutaron a la otra muchacha por haber "robado al movimiento", Andrea fue condenada a cavar trincheras durante tres meses.

La combinación de protección y privilegios supone un poderoso incentivo para que las niñas accedan, o incluso busquen, mantener relaciones sexuales con comandantes varones. Carolina, una muchacha asertiva de Puerto Guzmán, Putumayo, que se había incorporado a las FARC-EP con 13 años, nos dijo:

> Cuando las peladas entran a las FARC los comandantes escogen entre ellas. Hay mucha presión. Las mujeres tienen la última palabra, pero ellas quieren estar con el comandante para que las proteja. Los comandantes las compran: le dan a la pelada plata y regalos. Cuando uno está con un comandante no tiene que trabajar duro. Así que la mayoría de las peladas lindas están con los comandantes.[169]

El novio de Carolina era un alto mando mucho mayor que ella que había logrado mantenerla alejada del combate durante más de un años, un raro privilegio.

"Los comandantes manejan la plata, deciden quién es centinela, toman las decisiones", señaló Marilín, que se había incorporado a las FARC-EP cuando tenía 12 años. Insistió en que, dadas las posibles ventajas, las muchachas jóvenes tienen relaciones sexuales con ellos "por puro interés".[170]

Otra antigua combatientes de las FARC-EP explicó:

> Las muchachas pueden decir no a los hombres, pero es muy difícil no tener un novio. Hay mucha presión. La mayoría de las muchachas que entran quieren estar con un comandante para poder tener privilegios y hacer lo que quieran. Uno ve a los comandantes con una cantidad de peladas muy jóvenes. El Comandante Topo tenía 52 años, y andaba con una novia de 16. Eso es típico. Ellos buscan a las muchachas jóvenes y bonitas.[171]

Mientras que este tipo de sutil o contenida presión sexual es bastante común, en algunos casos se producen otras formas más flagrantes de abuso sexual. Soria, que se incorporó a la UC-ELN cuando tenía 16 años, fue violada por un comandante poco después de alistarse. Esta muchacha menuda y tímida se aferraba a una muñeca mientras hablaba con el representante de Human Rights Watch.

Soria dijo que le había costado adaptarse a la vida de combatiente desde el primer momento. "Lloraba, lloraba y lloraba... Era indisciplinada", explicó. "Era muy desobediente". A los 15 días de llegar al campamento de la UC-ELN, un comandante de 30 años la violó.[172]

"Me violó como castigo", dijo Soria. Según su descripción:

> Entró en mi caleta una noche. Me agarró por el pelo y empezó a tocarme. Lloré y grité y le supliqué que me dejara en paz. Era virgen. Me dolió. Después de violarme, se marchó. No dije nada a nadie porque era parte del mando... Volvió cuatro días después. Lo hizo por la fuerza otra vez. Y lo hizo otra vez casi dos meses después. Otro comandante me dijo que iban a matarme porque no los obedecía.[173]

Soria logró escapar del campamento una noche cuando estaba de guardia. Caminó durante tres días, agarró un autobús a otra ciudad y llegó a casa de una tía. "Yo quiero quedarme con el bebé", dijo a Human Rights Watch. "Porque tener un niño te hace escoger el buen camino. Te hace trabajar y volverte responsable".[174]

Anticonceptivos y aborto

Las muchachas guerrilleras tienen muy pocas posibilidades de decidir tener hijos. Se exige el uso de anticonceptivos a las guerrilleras de hasta 12 años de edad, con frecuencia mediante la inserción de dispositivos intrauterinos (DIU) por parte de las enfermeras. Es más, las muchachas de las FARC-EP que se quedan embarazadas tienen que abortar casi invariablemente. Aunque la UC-ELN parece más dispuesta a tolerar los embarazos, está claro que, como mínimo, se desaconseja enérgicamente dicha posibilidad.

Ángela, una antigua guerrillera de las FARC-EP, se incorporó a los 12 años:

> Me pusieron un DIU el día después de llegar. Ese fue el único anticonceptivo que he usado. Si quedas embarazada tienes que hacerte un aborto. Muchas mujeres quedan esperando. Yo tenía dos amigas que quedaron esperando y tuvieron que abortar. Ellas lloraron y lloraron, no querían perder sus bebés.[175]

Marta se alistó en las FARC-EP con 14 años. "Tienes que usar un anticonceptivo, así seas joven y no tengas pareja", dijo a Human Rights Watch. "La enfermera pone los DIU, es muy doloroso. Cada ocho días ellas lo revisan. A mí me lo pusieron ocho días después de haber llegado".[176] Las autopsias realizadas en 11 guerrilleras de las FARC-EP caídas en la Operación Berlín liderada por el Ejército en diciembre de 2000 supusieron una confirmación macabra de dicha práctica. Según las informaciones de prensa, nueve de las 11 niñas cuyos cuerpos fueron encontrados tenían DIU.[177]

A parte de los DIU, muchas niñas dijeron a Human Rights Watch que les habían hecho usar implantes anticonceptivos Norplant o inyecciones anticonceptivos. Varias mencionaron que les habían dado píldoras o condones.

Una de las muchachas que entrevistamos, que había pertenecido a las FARC-EP, dijo que le habían obligado a abortar cuando se quedó embarazada a los 15 años de edad. Otra niña intentó escapar de las FARC-EP cuando se dio cuenta de que estaba embarazada. "Yo quería salvar la vida del bebé", dijo a Human Rights Watch. "Me fui a la casa de mi mamá, pero lo perdí en el camino. Después las FARC fueron a mi casa y me capturaron".[178]

"Después de violarme, se marchó. No dije nada a nadie porque era parte del mando."

Una tercera muchacha, también antigua guerrillera de las FARC-EP, nos dijo:

> Lo peor es que no puedes tener un bebé. Hace dos años, en el 2000, yo quedé esperando. Me hicieron un aborto, pero no me dijeron lo qué iban a hacer, me dijeron que iban a revisar cómo estaba. Yo quería tener ese bebé.[179]

Dos antiguas guerrilleras de la UC-ELN nos dijeron que las que se quedaban embarazadas también tenían que abortar. Otras muchachas, sin embargo, dijeron que la UC-ELN era más flexible que las FARC-EP con este asunto. Según ellas, cuando una mujer se queda embarazada, el grupo la envía a su casa para que dé a luz. En algunos casos, regresa a la UC-ELN después de seis meses, pero es posible que se le permita reinsertarse permanentemente en la vida civil.

© Fundación Dos Mundos. Exposición "Colombia: Imágenes y Realidades" organizada por la Fundación Dos Mundos y Naciones Unidas. Entrenamiento de adolescentes en Autodefensas Unidas de Colombia - AUC. Selvas de Urabá, Chocó. Año 2002.
Autor: Julián Alberto Lineros Castro

VIII. ENTRENAMIENTO

La utilización de niños y adolescentes en conflictos armados pone a los menores en situaciones de alto peligro para su vida, integridad y educación, y hace que los mismos deban usar armas de alto calibre, sirvan para colocar explosivos, asesinar a otros niños "traidores" o arrepentidos, participen en secuestros de personas, en vigilancias, tareas de inteligencia y colocación de bombas. En ciertos casos se utilizan para estas tareas peligrosas a niños de hasta 8 años de edad. Estas prácticas ilegales y perversas someten a los niños, niñas y adolescentes a los riesgos propios del combate, a abusos sexuales, al maltrato y tratamiento brutal y humillante. Paralelamente se los involucra en una cultura de violencia y se les cercena su derecho a la educación y a una inserción normal en la sociedad.[180]

Entrenamiento en las fuerzas guerrilleras

Los niños reclutas de las fuerzas guerrilleras reciben el mismo entrenamiento militar que los adultos. No se reservan tareas especiales apropiadas para la edad de los niños.

Los reclutas de 11 o 12 años suelen recibir una pistola o un revólver en cuanto llegan al campamento. Durante el entrenamiento, les enseñan cómo manejar y utilizar diferentes tipos de rifles de asalto automáticos, como AK-47, Galil y FAL, y una variedad de armas cortas, como revólveres de .38 mm. y pistolas de .9 mm. En general, los niños reciben un trato similar a los demás y comparten alimentos y deberes en igualdad de condiciones con los combatientes más mayores.

Los niños reclutas de las FARC-EP y la UC-ELN también reciben instrucción sobre el uso de granadas de mano y morteros. Aprenden a ensamblar y disparar dispositivos explosivos, entre ellos las bombas de cilindros de gas, y a fabricar y colocar minas antipersonal, conocidas como "quiebrapatas" en Colombia. Los niños ex paramilitares nos dijeron que habían colocado minas quiebrapatas, pero las fuerzas paramilitares no utilizan bombas de cilindros de gas.

Para la mayoría de los reclutas, el día empieza al amanecer con ejercicios físicos y calistenia. En las FARC-EP, los cursos de formación incluyen lo que el grupo denomina "orden cerrado" y "orden abierto". El primero incluye las actividades dentro del campamento, tales como la defensa, el entrenamiento sobre armamento, el ensamblaje y la limpieza de las armas, las tareas de guardia y vigilancia, los desfiles, la formación, la presentación de armas, etc. El segundo está relacionado con el entrenamiento para el combate, lo que incluye técnicas de supervivencia y tácticas para montar emboscadas y ataques sorpresa.

"El entrenamiento era de cuatro meses y medio", dijo Ramiro, que se incorporó al Frente 10° de las FARC-EP con 15 años. "Aprendí a marcar compás, cómo atacar un cuartel de Policía y hacer emboscadas. Supe manejar un AK-47, un Galil, un R-15, morteros, granadas piña, granadas M-26 y tatucos [lanzaderas de múltiples granadas]".[181]

Algunos niños disfrutan los duros requisitos físicos que les imponen. "Me sentía contento", dijo Jon Freddy, que había levantado su mano ansioso en el mitin de reclutamiento de las FARC-EP en San José, Guaviare. "El entrenamiento empezó a los cuatro días de llegar. Nos enseñaron marchar, tenderse, trotar día y noche con equipo encima, lanzar granadas y disparar. El AK-47 era liviano. Me enseñaron a dispararlo sin que me patee. No cogí miedo".

La carrera militar de Jon Freddy terminó cuando lo capturaron apenas con vida en la Operación Berlín. "Estuve enfermo, flaquísimo y mi sangre era negra", dijo a Human Rights Watch.[182]

Las milicias urbanas reciben un entrenamiento militar más breve en el que aprenden a reunir inteligencia, infiltrarse, secuestrar y capturar a presuntos colaboradores. También se entrena a las milicias en la fabricación y el uso de bombas caseras.

Tanto en las FARC-EP como en la UC-ELN, las charlas obligatorias incluyen instrucciones sobre las normas, los reglamentos y la disciplina de la guerrilla, el tratamiento de la población civil y el adoctrinamiento político. Se imparten clases sobre marxismo y charlas para levantar la moral sobre los héroes y los mártires revolucionarios, tanto colombianos como internacionales. La historia de Colombia se presenta como una lucha del "pueblo" contra la oligarquía, las fuerzas armadas, el "imperialismo yanqui" y el Plan Colombia.[183] Como describió Marta, de 17 años:

> Nos enseñan historia, historia sobre el Che Guevara o Jacobo Arenas o sobre marxismo-leninismo, todos los días desde las 3:00 hasta las 4:00 p.m. Leíamos. No nos enseñan nada de matemáticas o de ciencias, sólo cosas de política, de armamento y las normas de las FARC. Antes de salir a combate, tenemos una charla: "Vamos a combatir para defender a Colombia, para que llegue la igualdad, para ayudar a los pobres, para que los ricos no se aprovechen de los pobres".[184]

La educación política también tiene un papel importante en los cursos de formación de la UC-ELN. Como recordó Peter, de 15 años de edad, sobre su entrenamiento:

> Me enseñaron como el Gobierno explotaba y oprimía a los campesinos y los confundía con mentiras. Querían hacer en Colombia lo que hicieron en Cuba, porque ahí hay igualdad, no hay ricos y pobres, y todos son iguales. Hablaban de la política, del Plan Colombia, que era una vaina camuflada para entregar armas y acabar con la guerrilla.[185]

Jorge, un muchacho serio de 17 años, recordó lo más importante de la ética revolucionaria:

Allí organizan cómo se tiene que manejar a las masas. Por eso les dan charlas en la escuela de entrenamiento sobre el reglamento y los otros guerrilleros regulares y los mandos medios enseñan la ideología a los nuevos. Para obtener el apoyo de la población civil un comportamiento como no llegar a la población y cogerles los animales y comportarlos mal y venderlos con palabras. Eso es prohibido. Todo eso tiene reglamento allá. Un guerrillero no puede dar orden a la población civil.[186]

Los niños con la actitud idónea pueden recibir entrenamiento especializado en puntería, explosivos, el manejo de bombas de cilindros de gas, el empleo de ametralladoras pesadas u operaciones especiales, entre ellas misiones encubiertas o asesinatos. Marcos, un antiguo mecánico que desertó de un campamento de las FARC-EP en una camioneta pickup, se entrenó para ser francotirador:

> Me vieron las capacidades, que uno es activo y despierto para las cosas. Y a mí empezaban a gustarme las armas y me facilitaba armarlas, desarmarlas, hasta repararlas. En la mecánica uno aprende a hacer estas cosas. Entonces allí pasamos seis meses y de allí entré en la clandestinidad. Lo que me entrenaron específicamente fue para disparar a 500, 600, 700 metros, con una especie de fusil pero con mira telescópica. No cualquiera tiene acceso. Me influyó y me comenzaba a gustar, me dio gracia pero al último perdió la gracia porque me tocaba con unas vergüenzas de que uno tenía que matar a gente.[187]

Entrenamiento paramilitar

El entrenamiento de los jóvenes reclutas paramilitares es físicamente exigente y, con frecuencia, extremadamente brutal. Varios niños ex paramilitares nos dijeron cómo mataban a veces frente a ellos con machetes a guerrilleros capturados durante las sesiones de entrenamiento, y cómo les ordenaban a ellos mismos que participaran en los asesinatos.

Adolfo, con cuatro años en las AUC, nos dijo que había personal del Ejército de Colombia en los campamentos durante los entrenamientos para ayudar a marcar el ritmo a los reclutas:

A uno lo entrenan mercenarios, manes, veteranos de guerra, si me entiende. Son manes que entran de los batallones, coroneles, generales, capitanes. Pasean por el campamento, hablan y beben y hacen tiros y llegan ahí, y entran cipote carro, puro Toyota Prado, Land Cruiser, puro Mazda. Son tres meses, hay una pista, si me entiende, una pista de entrenamiento donde hay obstáculos, hay barras, la famosa esa que le dicen la telaraña. Si, esos manes que entran allá son soldados profesionales, que llevan información de la guerrilla y eso; pero participan, están ahí viendo, esos pasan a la pista y le dan palo a uno, el ejército también, allá le dan palo a uno en la pista, le dan garrote a uno. A veces hay accidentes y muere gente. Usted se arrepiente esos primeros tres meses porque es muy duro, es que allá usted descansa cuando le dan el camuflado y el fusil. Usted ya lo tienen para la contraguerrilla.[188]

Cinco niños ex paramilitares que habían estado destacados en campamentos de diferentes partes del país nos dijeron que les habían ordenado matar a prisioneros frente a otros reclutas durante el entrenamiento. Óscar, un muchacho afrocolombiano, recordó:

"Ellos mataban tres o cuatro personas cada día durante el curso. Había turnos entre las escuadras, cada una un día diferente."

Ellos traen a los que cogen (guerrilleros y rateros) al curso de entrenamiento. Mi escuadra tenía que matar a tres personas. Después de matar al primero, el comandante me dijo que al día siguiente yo era él que tenía que matar. Yo quedé con la boca abierta. Tenía que hacerlo en público, enfrente de toda la compañía, cincuenta personas. Tenía que darle en la cabeza. Yo estaba temblando. Después de eso no pude comer, veía la sangre de la persona. No pude dormir en varias semanas... Ellos mataban tres o cuatro personas cada día durante el curso. Había turnos entre las escuadras, cada una un día diferente. Algunas de las víctimas gritaban y lloraban, los comandantes nos dijeron que teníamos que aprender a matar.[189]

Fabio había estado previamente en las FARC-EP y lo mandaron a infiltrar las AUC:

> En el curso de los paramilitares maté a alguien. Era un amigo que no aguantó, él no pudo terminar el curso. Fue una prueba. Me pasaron un machete para descuartizarlo mientras estaba vivo. Él estaba amarrado. Me rogó no matarlo. El comandante estaba mirando, me decía: "¡Hágale, hágale!" Todos los pelados estaban ahí. Finalmente lo hice. Le corté el cuello, los pies y los brazos. Me sentí muy triste y lloré.[190]

Bernardo, que se unió a los paramilitares cuando tenía siete años, contó una experiencia similar a Human Rights Watch.

> Le dan a uno un arma y tiene uno que matar al mejor amigo que uno tenga. Es para poder confiar en él. Si él no lo mata entonces lo matan a él, el otro amigo viene y lo quema a él. A mí me tocó eso, si no lo hacía me mataban. Yo por eso más bien me salí. No soportaba más eso, eso no era como para mí.

Cuando les preguntamos el nombre de su amigo, Bernardo se quedó callado.[191]

Uriel, de 14 años y que se incorporó a las AUC con ocho años de edad, contó una historia igualmente desgarradora:

> Mataron a seis personas durante el entrenamiento: cuatro amigos míos y dos civiles que eran espías para las FARC. Los amarraron con las manos detrás de la espalda y les pegaron con un palo. Ellos lloraron y les rogaron que los perdonaran. Entonces los comandantes les dispararon al frente de todo el mundo, para convencer a la gente de no ser nunca espías. Yo vi todo eso. No podía decir nada porque me mataban, pero me quería ir. Los mataron muy cruelmente.[192]

La tortura y el asesinato de prisioneros ha sido un sello distintivo de las tácticas paramilitares durante muchos años. En los casos antes descritos, los niños participaron aterrorizados en estas prácticas.[193] Aprenden que con la disposición a cumplir órdenes de cometer crímenes atroces se ganan favores y prestigio en las filas, una forma perversa de adaptarse a las condiciones. "Le disparé yo mismo", confesó Leonel, un ex miembro de las AUC de 15 años de edad, sobre el asesinato de un presunto guerrillero. "Fue difícil hacerlo, pero lo hice por la plata y además por ganarme el respeto de los comandantes".[194]

Con 13 años de edad, Laidy, una antigua paramilitar, disparó en la cabeza a un policía. "Me sentí feliz después. Yo quería complacer a los comandantes. Porque si dices no, te matan".[195]

Bombas de cilindros de gas

Tanto las FARC-EP como la UC-ELN utilizan regularmente las bombas de cilindros de gas en ataques a instalaciones militares y estaciones de policía. Tienen un gran poder destructivo, pero son notoriamente imprecisas. Con frecuencia, no aciertan en el objetivo y hacen impacto en casas y comercios civiles así como en iglesias, centros de salud y oficinas municipales, provocando bajas civiles evitables.[196]

Los muchachos de las FARC-EP y de la UC-ELN dijeron a Human Rights Watch que habían sido entrenados en la fabricación y el uso de bombas caseras de cilindros de gas cuando tenían entre 13 y 15 años de edad. Según las descripciones de los niños, primero hay que extraer el gas de un cilindro de propano doméstico. Se sierra la parte de arriba y se cubre con sacos y rellena de dinamita la parte de abajo. El cilindro se utiliza como lanzadera de un cilindro más pequeño relleno de explosivos y esquirlas. El explosivo del tubo se detona mediante una mecha y se lanza el proyectil. El tubo se coloca normalmente sobre la parte de atrás de una camioneta pickup situada cerca del objetivo de la guerrilla. Un niño nos dijo que el alcance del proyectil era de unos 80 metros. Esta arma tiene capacidad para destruir edificios enteros con una amplia expansión de las esquirlas, dijo. Un niño hizo una cruda descripción del arma.[197]

Jaime, un ex miliciano de la UC-ELN explicó:

> Tuvimos clases en el uso de explosivos, con un libro sobre su fabricación y manejo. Para las bombas se usa todo tipo de cilindro. Hay de 20 kilos, de 45 kilos y los grandotes. Hacemos las esquirlas de cadenas, hierro y clavos. La más grande puede acabar con toda

una cuadra de una hectárea. La precisión depende de quien lo usa; los explosivistas saben manejarlas. En Tame [Arauca], disparamos una bomba de 45 kilos a un cuartel de policía. Pasó por arriba y cayó a tres casas del cuartel. Mató a varios civiles. Por eso nos regañaron, pero no fuimos sancionados.[198]

Human Rights Watch ha condenado previamente el uso de bombas de cilindros de gas por ser armas indiscriminadas, cuyo empleo viola el principio fundamental del derecho humanitario que exige que se distingan los objetivos civiles de los objetos civiles. El 8 de mayo de 2002, Human Rights Watch escribió al Comandante Marulanda instándole a que cesara el empleo de bombas de cilindros de gas por su carácter indiscriminado.[199] El Comandante Marulanda no respondió a nuestra petición.

Minas

Colombia es el único país de las Américas en el que se siguen plantando minas antipersonal. Los niños reclutas de la guerrilla y las fuerzas paramilitares reciben entrenamiento sobre el ensamblaje y la colocación de estos dispositivos letales, que incluyen las trampas cazabobos o las minas enterradas bajo tierra y activadas por presión, conocidas como quiebrapatas. El Departamento de Planeación de Colombia calculaba en 2002 que había al menos 100.000 minas quiebrapatas en Colombia.[200]

Todas las partes en el conflicto colombiano utilizan las minas y se cree que su empleo está aumentando. Según el Ministerio de la Defensa Nacional, entre enero y octubre de 2002, 141 miembros de las fuerzas de seguridad murieron a causa de las minas, cinco veces más de la cifra de 2001.[201]

El UNICEF registró un aumento similar de las víctimas civiles: la cifra aumentó un 100 por ciento, con 170 muertes en 2002. Las víctimas adultas de las minas antipersonal suelen sufrir mutilaciones y pérdida de extremidades. En el caso de los niños, dada su corta estatura, se produce con más frecuencia la muerte o heridas catastróficas. Actualmente, 422 municipalidades de 30 departamentos colombianos están afectadas por las minas.²⁰²

La mayoría de los dispositivos antipersonal utilizados por los grupos armados irregulares de Colombia están fabricados con materiales baratos y fáciles de conseguir como tubos de PVC, botellas de soda, baterías y cables. Uriel, de 14 años, dijo a Human Rights Watch que en las AUC le habían enseñado a plantar minas cazabobos y las había colocado unas 40 veces. Normalmente, le llevaba entre dos y tres días plantar un campo de minas. Dijo que, en una ocasión, dos de sus compañeros murieron al explotar minas accidentalmente.²⁰³

Héctor, de 17 años, hacía lo mismo en las FARC-EP. Le llevaba un promedio de media hora plantar una mina.²⁰⁴ Dagoberto, que había pasado siete de sus 17 años en las FARC-EP, dijo a Human Rights Watch que su unidad tenía un detector de minas. "También teníamos Claymores. Hacíamos unas minas a mano; las poníamos en botellas de soda. Hacíamos mapas para saber dónde estaban las minas".²⁰⁵ Betty, de 15 años, dijo que su unidad plantaba minas pero que ella nunca lo hizo. "Es peligroso. La gente pierde las piernas".²⁰⁶

El 6 de abril de 2001, Víctor, un muchacho de 16 años, resultó gravemente herido cuando le explotó en las manos una mina que estaba ensamblando en una ladera cercana al un campamento de la UC-ELN. Tenía 15 años entonces y llevaba al menos dos años en la guerrilla. La explosión le arrancó los dedos meñique y anular de la mano izquierda y se le metió un trozo de esquirla en el ojo derecho. Los guerrilleros se lo llevaron vestido de civil a una clínica privada en Bucaramanga, donde los médicos le extrajeron la esquirla. No pudieron salvarle el ojo. Cuando Human Rights Watch le entrevistó, en junio de 2002, Víctor estaba en una casa del ICBF esperando una prótesis para su mano.²⁰⁷

© Fundación Dos Mundos. Concurso de fotografía: "Las otras huellas de la guerra"
Autor: Henry Agudelo

IX. DISCIPLINA Y CASTIGO

Todos los grupos armados irregulares en el conflicto colombiano imponen una dura disciplina. Ejecutan con frecuencia a niños por actos de desobediencia o infracciones del reglamento consideradas muy graves.

Sin embargo, los procedimientos disciplinarios varían. Las FARC-EP y la UC-ELN celebran "consejos de guerra", en los que cada miembro del frente vota para decidir si se ejecuta al acusado o se le impone un castigo menor. Human Rights Watch no halló pruebas de que la guerrilla pueda garantizar los juicios justos exigidos por el derecho internacional humanitario. De hecho, ninguno de los grupos se ha esforzado seriamente por defender que sus juicios cumplen estas condiciones. Se trata de ejecuciones sumarias a guisa de procedimientos judiciales y constituyen aborrecibles violaciones del derecho internacional humanitario.[208]

Los paramilitares no celebran este tipo de audiencias. Al parecer, los únicos responsables de aplicar castigos son los comandantes, en consulta con sus superiores.

Disciplina en los campamentos de las FARC-EP

Todo el frente participaba en los consejos de guerra. Al acusado le dan alguien para que lo defienda. A uno lo dejan hablar para defender a los amigos, pero puede ser peligroso. En el campamento tenían un dicho: "las reglas no tienen amigos".[209]

En los campamentos de las FARC-EP, los niños reciben instrucciones sobre el reglamento de la guerrilla como parte de su formación básica. La violación de dicho reglamento puede conllevar la aplicación de una serie gradual de castigos. Los niños pueden enfrentarse, en última instancia, a una ejecución ignominiosa a manos de un camarada no mayor que ellos.

La disciplina en las FARC-EP es particularmente estricta, lo que indica claramente que los abusos cometidos por los guerrilleros, incluidos los niños, se producen como consecuencia del cumplimiento de órdenes concretas y no son fruto de la mala conducta. Según los niños que entrevistamos, el reglamento afecta a casi todos los aspectos de su vida diaria, incluso los sentimientos más íntimos. Es necesario obtener permiso del comandante para mantener relaciones sexuales con un compañero o una compañera o para establecer una relación más permanente. Hacerlo sin autorización constituye una infracción sancionable.

Las FARC-EP prohíben la conducta rebelde de sus combatientes, especialmente cuando se encuentran entre la población civil. Los robos, la extorsión, las amenazas, el abuso sexual y el uso irresponsable de las armas de fuego pueden considerarse delitos capitales. El consumo de drogas está estrictamente prohibido. Las historias de los niños refuerzan la impresión de que las FARC-EP son una fuerza militar marcadamente vertical, organizada y disciplinada.

Se obliga a los niños a realizar duras tareas físicas como castigo por la desobediencia o infracciones menores del reglamento. Tienen que cavar hoyos para la basura, letrinas o trincheras durante días; desmontar, acarrear leña y trabajar en la cocina.

Omar, del Frente 26º de las FARC-EP, tenía problemas para mantenerse despierto durante la guardia. La primera vez que lo descubrieron durmiendo, le hicieron cavar un orinal de 20 metros. La segunda vez tuvo que cavar una trinchera de 50 metros. La tercera vez, le impusieron 20 días de cocina. Si esto hubiera pasado cuando la compañía estaba en movimiento o en combate, se habría enfrentado a un consejo de guerra y un pelotón de fusilamiento, dijo a Human Rights Watch.[210]

En ocasiones, un consejo de guerra puede ordenar la confiscación de un arma de combate. La persona afectada tendrá que combatir desarmada, con suerte, a cubierto del fuego, o tendrá que recuperar un arma del enemigo. Omar dijo a Human Rights Watch que llevaron arrastrando a su amigo Esteban frente a los camaradas por vago. Esteban había evitado repetidamente las tareas de cocina. Omar recordó que sus compañeros votaron por 157 votos a favor y 143 en contra que fuera ejecutado. Esteban se salvó del pelotón de fusilamiento debido a la escasa diferencia de votos. En cambio, le confiscaron el arma y no se la devolvieron hasta que recuperó un arma del enemigo. Omar nos dijo que Esteban murió al día siguiente en una escaramuza con el Ejército, a pesar de que había logrado recuperar un arma antes de la batalla.[211]

Con frecuencia, los niños tienen que hacer penitencia mediante una confesión pública sobre sus fallos frente a sus comandantes y toda la compañía. Otros dijeron que los habían encadenado a árboles durante semanas sin poder hablar y sin que nadie pudiera hablarles.

Consejos de guerra

Las infracciones más graves del código militar de las FARC-EP se consideran delitos capitales sancionables con una ejecución sumaria, independientemente de la edad del que las haya cometido. Este tipo de infracciones incluyen quedarse dormido durante la guardia (considerada una infracción grave si la compañía está en movimiento o en combate en ese momento, y muy grave si provoca la muerte de compañeros); intentar escaparse o ausentarse sin permiso (la ejecución es casi segura si los desertores se llevan un arma consigo); entregar o perder un arma; ser un infiltrado de la Policía o del Ejército; utilizar un arma contra un compañero; disparar en áreas pobladas; el robo, la extorsión o la violencia contra la población civil; el consumo reiterado de drogas o alcohol y la violación.

Los niños combatientes acusados de estos delitos son juzgados por un "consejo de guerra" en el que tienen que participar todos los miembros de la compañía o el frente en cuestión, incluidos el resto de los niños. Los niños nos dijeron que el acusado puede designar a un compañero para que le defienda, mientras que se selecciona a otro para que dirija la "acusación". Varios miembros de la compañía participan en el propio proceso. La defensa pide clemencia y solicita que se considere el historial de servicio del combatiente acusado. Todos los presentes, salvo el acusado, pueden levantar la mano para pedir la palabra. Finalmente se toma la decisión de ejecutar al acusado o dejarle con vida e imponerle un castigo menor por alzamiento de manos.

Los niños sometidos a un consejo de guerra suelen estar amarrados con una cuerda de nylon. La cuerda se utiliza para atarles las manos detrás de la espalda alrededor de un árbol o un poste, y se conecta con otra cuerda amarrada al cuello. Si el niño mueve los brazos, la cuerda del cuello le aprieta la tráquea y le corta la respiración.

Ramiro, un guerrillero de 17 años del Frente 10° de las FARC-EP dijo a Human Rights Watch que lo tuvieron amarrado durante 15 días después de un intento frustrado de huida del campamento. Lo desataban cada cuadro días para que pudiera lavarse. Ramiro dijo a Human Rights Watch que pensó que se había escapado del consejo de guerra porque una explosión de bomba le había herido el hombro. Finalmente, el comandante del frente le dio diez días para cavar una trinchera de 100 metros, a pesar de su herida, y le amenazó con un consejo de guerra si no cumplía el objetivo. Completó la tarea en ocho días.[212]

Alberto, un frágil muchacho de Caquetá, se incorporó al Frente 25° de las FARC-EP en enero de 2001, cuando tenía 12 años. Durante su primer combate, perdió su revólver en una retirada precipitada cuando su unidad se quedó sin munición. Como castigo, lo dejaron colgado de un árbol por las muñecas toda la noche. Dijo a Human Rights Watch que le sangraron las muñecas y se infectaron.[213]

Varios niños nos dijeron que tenían miedo de defender a sus amigos sometidos a un consejo de guerra por temor a que los consideraran sospechosos, culpables por asociación o tener que explicar las razones de su voto. Marcos, un experto en armamento, nos contó cómo tres muchachas adolescentes-de 14, 16 y 19 años--defendieron a una niña acusada de ser una infiltrada de la policía. Las tres insistieron en que no se ejecutara a la acusada por respeto a sus derechos como mujer (la fecha del consejo de guerra coincidió con el Día Internacional de la Mujer). El consejo de guerra votó que fuera ejecutada. Las muchachas que la habían defendido fueron elegidas para apretar el gatillo.[214]

Una vez que el consejo de guerra aprueba una condena a muerte, el comandante de la compañía comunica la decisión a sus superiores. Los oficiales superiores pueden ordenar que se anule o se modifique la pena. Si se autoriza, el comandante ordena que se proceda con la ejecución y selecciona a unos cuantos miembros de la compañía para que se encarguen de la misma.

"Tuvimos muchos consejos de guerra", recordó Ángela, la novia de un comandante de las FARC-EP:

> Yo fui juzgada en diciembre de 1999. Fue porque mi novio y yo tuvimos muchos problemas. Me obligaron a abortar y me puse muy brava, por eso peleamos. Yo lo corté y él me pegó. Tenían miedo que nos matáramos. Como él era un comandante, nuestro consejo estaba compuesto por otros cinco comandantes. La votación fue tres a dos para dejarnos vivir. Fue aterrorizante, yo estaba segura que nos iban a matar. Pero en cambio el castigo fue amarrarnos a árboles y quitarle el rango a mi novio. Nos desamarraban para dormir y para comer. Nos castigaron con el silencio, nosotros no podíamos hablarle a nadie y nadie nos podía hablar.[215]

"Fue aterrorizante, yo estaba segura que nos iban a matar. Pero en cambio el castigo fue amarrarnos a árboles y quitarle el rango a mi novio."

Carolina, una muchacha despierta de 18 años, se quedó embarazada de un comandante de 40 años. Quería tener el niño, por lo que desertó y se dirigió a casa de su madre, pero tuvo un aborto en el camino. Las FARC-EP la capturaron y la llevaron de regreso al campamento.

Me juzgaron en un consejo de guerra. Me encadenaron por un mes. Yo salí sancionada. Yo escogí que me defendiera la persona que menos me quisiera. Duró como medio día. El acusador dijo que me debían matar porque yo había cometido muchos crímenes: abandono de guardia, abandono de arma, robo al movimiento (ropa), traición al movimiento, poner en peligro al movimiento (porque ellos estaban preparando un ataque). A mí no me importaba, yo estaba dispuesta a morir porque ya estaba cansada de todo. Las sanciones que recibí fueron cavar 50 metros de trinchera (1 metro de profundidad y 1 de ancho - me demoré como tres meses) y cargar leña. Además tuve que hacer autocrítica como por dos horas, aprenderme el reglamento de memoria y hacer un resumen del reglamento.[216]

En los campamentos de las FARC-EP son frecuentes los consejos de guerra y los niños dijeron que la mayoría de ellos resultan en ejecuciones. Omar dijo que había participado en 15 consejos de guerra durante sus 18 meses con las FARC-EP, y que hubo diez ejecuciones.[217] Rodrigo, de 16 años, que estuvo dos años en el Frente 32º de las FARC-EP, dijo que se celebraron diez consejos de guerra en ese período y que seis de ellos se saldaron con ejecuciones.[218] Marta, de 17 años, calculó que se habían celebrado 50 consejos de guerra en los años y medio que estuvo en las FARC-EP. Tan sólo 12 de los acusados no fueron ejecutados.[219]

Partiendo de estos testimonios, unas 54 personas fueron ejecutadas en sólo tres frentes de las FARC-EP en menos de tres años.

Desafortunadamente, es imposible confirmar este saldo de muertes mediante los informes sobre ejecuciones sumarias publicadas por fuentes oficiales o no gubernamentales. Las FARC-EP no entregan los cuerpos de los combatientes ejecutados, tampoco de los niños, a sus familiares. El pelotón de fusilamiento entierra normalmente el cuerpo en una fosa sin marcar fuera del perímetro del campamento para que su muerte nunca se registre oficialmente. Los cuerpos sólo se encuentran en raras ocasiones.[220]

Según Carolina: "A veces alguna mamá venía tratando de encontrar a sus hijos. Nunca les decíamos que estaban muertos. Decíamos que estaban en alguna otra parte".[221]

Tampoco pueden encontrar a los niños en las listas de "desaparecidos" en manos de las fuerzas de seguridad o los paramilitares. La mayoría de los padres asumen probablemente que sus hijos cayeron en combate.

Nuestro conocimiento sobre las ejecuciones en los campamentos procede casi totalmente de los niños que han desertado de la guerrilla. Con fines legales, los niños ejecutados simplemente se desvanecen. De todas las atrocidades del conflicto colombiano, puede que éstas sean las menos conocidas y las menos documentadas, debido al secretismo que las rodea.

Otras ejecuciones

En las FARC-EP, los niños tienen que ejecutar a paramilitares capturados y a compañeros acusados de incumplir el reglamento. La experiencia les deja una profunda marca que se mantiene mucho después de los hechos.[222] Ángela, que se incorporó a la guerrilla con 12 años, nos contó una historia que se fue haciendo inquietantemente habitual durante las entrevistas de Human Rights Watch:

> Tenía una amiga, Juanita, que se metió en problemas por ir acostándose. Habíamos sido amigas en la vida civil y compartíamos una caleta. El comandante dijo que no importaba que fuera mi amiga. Había cometido una falta y había que matarla. Cerré los ojos y disparé el arma, pero no le di. Entonces disparé otra vez. La tumba estaba justo al lado. Tuve que enterrarla. El comandante dijo: "Lo hiciste muy bien. Vas a tener que hacerlo muchas más veces y tendrás que aprender a no llorar".[223]

No es inusual que se ordene a los niños que participen en ejecuciones, incluidas las de otros niños combatientes. Algunos niños de las FARC-EP dijeron que los verdugos se escogen entre los combatientes más experimentados: "Los que tienen más confianza para que no se apenen", dijo un muchacho.[224]

Otro insistió en que la edad no era un factor importante. "Puede ser pequeño, pero si es capaz y cumple las normas, está aceptado para hacerlo", nos dijo un niño.[225] Otros niños señalaron que cualquier menor podía ser seleccionado para realizar una ejecución para probar su valor al principio del entrenamiento.

Las ejecuciones se llevan a cabo a cierta distancia del campamento, después de que dos o más miembros del pelotón hayan cavado una tumba. Si la víctima no ha sido acusada de deserción, espionaje o infiltración, se utiliza un disparo de pistola o de revólver a la cabeza. Sin embargo, se ha informado de que los infiltrados o informantes son mutilados con cuchillos y machetes mientras están con vida.

Varios de los niños entrevistados dijeron que la guerrilla destripa a los muertos antes de enterrarlos. Una trabajadora social que se ocupa de niños ex combatientes nos dijo que lo hacen para prevenir que la tierra suba y vuelva a bajar a causa de los gases, lo que podría delatar la presencia de la guerrilla a sus enemigos.[226]

De los 79 niños entrevistados que habían pertenecido a las FARC-EP, 15 admitieron que habían participado en ejecuciones de compañeros después de un consejo de guerra. La mayoría insistieron en que si se hubieran negado a cumplir la orden, los habrían ejecutado a ellos por desobediencia.

Elizabeth, que fue asignada un puesto de mando después de un año, fue seleccionada para ejecutar a su mejor amigo porque había votado en contra de su ejecución:

> Yo llevaba nueve meses en las FARC cuando me ordenaron matar a un amigo, Edison. Él era mi mejor amigo. Había matado a alguien por accidente. Yo no tenía opción: tenía que hacerlo porque era una orden. Hubo un consejo de guerra y yo voté no. El comandante me dijo: "Como usted dijo que no ahora lo tiene que matar". Casi todos los demás habían votado a favor de matarlo. Sólo cuatro habíamos votado en contra.[227]

Mauricio llevaba en las FARC-EP cuatro años y se había ganado un puesto de mando sin matar a nadie. Entonces le enviaron a buscar y llevar al campamento a un desertor que la milicia había visto en el pueblo:

Fuimos a recogerlo a su casa y lo trajimos de vuelta al campamento. Ahí le hicieron un consejo de guerra. Tenía un defensor, pero todo el mundo sabía cuál iba a ser el veredicto, era automático. No había ninguna posibilidad real de que se salvara. Sus crímenes eran "robo al movimiento y deserción", los más serios de todos. En el consejo de guerra nadie votó para salvarlo. Después del consejo cavamos su tumba. Después lo llevamos al lado de la tumba. Cerró los ojos y yo le disparé en la cabeza. Yo nunca había ejecutado a alguien antes, pero esta vez tenía que hacerlo. Si no lo hacía me mataban.[228]

Raúl, un niño nervioso de 16 años de Vista Hermosa, Meta, se negó a ejecutar a un desertor ignorando las protestas de los muchachos más mayores. Tuvo suerte. El oficial a cargo de la compañía llamó a su superior para quejarse de Raúl, pero el comandante le defendió. "Teníamos una buena relación, le llamaba tío y él me abrazaba y me preguntaba cómo me iba", dijo a Human Rights Watch.[229]

"Cerró los ojos y yo le disparé en la cabeza. Yo nunca había ejecutado a alguien antes, pero esta vez tenía que hacerlo."

Disciplina en la UC-ELN

La UC-ELN también celebra consejos de guerra y ejecuta a los combatientes que violan el reglamento, aunque parece que esto ocurre con menos frecuencia que en las FARC-EP. Sin embargo, no tenemos datos concluyentes sobre este hecho. El número de entrevistados con experiencia en los campamentos de la UC-ELN (a diferencia de las milicias urbanas) era muy pequeño para extraer conclusiones firmes.

William, de 17 años, que pasó tres años en el Frente "Carlos Alirio Buitrago" de la UC-ELN, señaló que nunca había participado en un consejo de guerra y que sólo se había ejecutado a un combatiente en ese período.[230] Héctor, de 16 años, afirmó que la UC-ELN tenía una actitud más flexible con los desertores que las FARC-EP. Capturaron a tres fugitivos de su compañía de la UC-ELN y, después de determinar que habían retornado tranquilamente a sus ocupaciones civiles y no tenían vínculos con las fuerzas de seguridad ni los paramilitares, los dejaron en libertad, dijo Héctor.[231]

Por el contrario, se ejecuta a los desertores que se pasan al bando enemigo. Héctor mencionó el caso de un desertor que había sido capturado en un retén:

> Fue capturado en un retén. Lo conocíamos, había desertado del ELN, era guerrillero y se fue con los paracos. Por culpa de él, mataron a varios compañeros, entonces sabíamos que fue por él... Lo que tenía la guerrilla es que no era bruta, ellos primero exploran para poder actuar. Por eso lo cogimos y lo matamos entre tres compañeros. A nosotros nos ordenaron que lo hallamos a aquel desertor y si encontramos que ha hecho una cosa mala en contra de nosotros, que lo matáramos.[232]

Disciplina en las AUC

La organización tiene una disciplina muy bárbara. Hay comandantes madres, chéveres, pero hay otros que les gusta matar, que son unos asesinos. Si ese man le pasa centinela a uno y le encuentra dormido, coge unos cuchillos y le mocha, le deja en el sueño.[233]

En contraste con la práctica en la guerrilla, las AUC permiten que los comandantes tomen decisiones sin pretender que se trata de una decisión de grupo, y a veces sin ni siquiera consultar a sus superiores.

El artículo 13 de los estatutos internos de las AUC, adoptados en mayo de 1998, contempla la degradación y la expulsión como las sanciones más graves que pueden aplicarse por violaciones de los estatutos. Las infracciones graves se someten supuestamente a un Tribunal Disciplinario Regional, compuesto por el comandante del bloque, el comandante del frente, el superior inmediato del acusado en la unidad a la que pertenece y un representante de la estructura política regional de las AUC (artículos 14 y 15).[234]

En la práctica, no hay pruebas que indiquen que este estatuto se aplica realmente. Como en los grupos guerrilleros, con frecuencia, las graves infracciones de la disciplina no se castigan con la expulsión, sino con la ejecución sumaria. Los niños entrevistados nos dijeron que no se celebran audiencias formales antes de aplicar la pena máxima.

Al igual que en las fuerzas guerrilleras, se persigue y se asesina a los desertores. Bernardo tuvo la suerte de escaparse por poco de una muerte brutal cuando huyó de las filas de las ACCU. Bernardo, que estaba visiblemente nervioso durante la entrevista, dijo a Human Rights Watch que se había escondido durante un año junto con otros dos desertores. Sus antiguos camaradas les seguían la pista.

Uno de los tres fue capturado por los paramilitares en la casa en la que se habían ocultado. Encontraron su cuerpo unos días después con la garganta cortada y una cuerda de nylon alrededor del cuello. "El que se vuele de allá tienen que cogerlo a como da lugar", dijo a Human Rights Watch. "La única forma como la que uno sale de allá es cuando lo detienen los soldados, lo capturan o se entrega uno, si no, no".[235]

Cristián, que se incorporó a las ACCU cuando tenía 12 años, dijo a Human Rights Watch que el grupo mandaba a los niños rebeldes o indisciplinados de vuelta a casa en helicóptero con algo de dinero en el bolsillo. Sin embargo, coincidió en que cualquier que se fuera sin permiso sería perseguido y muy posiblemente ejecutado.[236]

Ninguno de los ex paramilitares que entrevistamos pudo confirmar la existencia de un tribunal disciplinario en el que tuvieran derecho a presentar una defensa o tener representación legal. Tampoco existía, al parecer, nada equivalente a los consejos de guerra de la guerrilla. En contraste, los comandantes de las unidades consultaban aparentemente en ocasiones a sus superiores por radio o teléfono móvil sobre qué hacer con los infractores.

Adolfo dijo a Human Rights Watch que a los niños que cometen infracciones menores, como consumir alcohol sin permiso, se les amarran las manos y el cuello a un palo con una cuerda de nylon. El procedimiento parece idéntico al utilizado habitualmente por las FARC-EP. Los tienen así durante cinco o seis días, a veces más, y sólo los desatan para lavarse, comer o hacer de cuerpo.

"Hay muchas veces que los amarran así y cuando los desamarran, los cogen y los matan", dijo Adolfo.[237]

Bernardo contó que como castigo por haber consumido drogas lo encerraron en una celda y lo rociaron con agua azucarada para que los insectos le picaran.[238]

Adolfo, un muchacho alto y agresivo, pasó tres años y medio con el Bloque Central Bolívar. En una ocasión, cuando su unidad estaba en movimiento, vio a un comandante acercarse a un niño que se había quedado dormido durante la guardia:

> Un día estábamos en un lugar que se llama Brisas, y estábamos para allá patrullando, entonces llegamos a un terreno y allí hicimos el campamento. Armamos la carpas, como a las siete de la noche que llegamos allí, le hicimos una revisión de zona, cómo estaba el sitio, si hay minas allí, y como está el territorio. Y uno de los compañeros le tocaba la guardia nocturna, era el segundo turno y como a las dos de la mañana se quedó dormido. Y el comandante fue allá y vino acá a nosotros y dijo "ya necesito dos o tres que vengan acá conmigo", y llamó a mí a otros dos más y fuimos donde el compañero. Jorge, se quedó dormido, y inmediatamente sacó un cuchillo y shuui: lo degolló frente a nosotros.

Adolfo describió cómo se toma la decisión de ejecutar a un combatiente y el mínimo de reflexión que conlleva:

> No hay tribunal. El comandante de la contraguerrilla, el jefe, coge la radio y llama al comandante del bloque en la base. "Aquí tengo un vaquero que se me quedó dormido, ¿qué hago? Necesito saber si lo pelo o le quito el sueldo o tres sueldos…" Pero hay algunos que lo matan y después llaman. "Hola, tuve que matar a fulano de tal porque se quedó dormido", y después sencillamente lo pican y lo entierran.

Adolfo terminó explicando cómo se llevan a cabo las ejecuciones:

> No, es un privilegio matar a una persona a tiros. Ahí tienen que mocharle la cabeza. Hacen un hueco, pequeño pero hondo. El tipo está amarrado con las manos atrás, entonces lo hace poner la cabeza sobre la orilla del hueco y le pone la bota suya aquí encima y le coge la cabeza y le pasa el cuchillo por aquí.[239]

© Fundación Dos Mundos, Concurso de fotografía: "Las otras huellas de la guerra"
Enfrentamiento del Ejército Nacional con las Fuerzas Armadas Revolucionarias de
Colombia- FARC. Juradó, Chocó Agosto 1 de 2000.
Autor: William Fernando Martínez

X. COMBATE

Yo era la más asustada de todos, porque era la más nueva y la más joven. Los cuerpos estaban en el piso y ellos los cortaban en pedazos. El comandante me dio la sangre para que me la tomara.[240]

La primera experiencia de un niño en el combate real puede ser aterradora. La mayoría de los niños entrevistados se mostraron reticentes a hablar de sus sentimientos, pero admitieron haber pasado mucho miedo cuando se enfrentaron por primera vez al fuego enemigo.

"Yo tenía mucho miedo de morirme", dijo Mauricio, describiendo un ataque de las FARC-EP con bombas de cilindros de gas contra una estación de policía, un par de semanas después de acabar su entrenamiento. "Lloré cuando vi muertos bañados en sangre. Mataron a cinco de nuestros hombres. Después me daban menos miedo los combates".[241]

"Yo tenía mucho miedo de morirme"

Combate en las FARC-EP

"El primer combate fue cinco meses después de llegar", recordó Diego, mientras describía otro ataque con bombas contra una estación de Policía del que fue testigo cuando era un novato de 13 años de edad:

> Mataron a muchos guerrilleros, yo estaba paniqueado. Lloré durante el ataque. Había helicópteros encima de nosotros. Yo me escondí en una zanja. Disparé un par de veces sin quererlo. Hubo otro ataque a un puesto de Policía al que me tocó ir en primera fila

disparando. Yo tenía mucho miedo. Matamos a los catorce policías, siete durante el combate y los otros siete se rindieron y fueron ejecutados, yo lo vi todo.[242]

Elizabeth y Héctor tuvieron experiencias similares en los ataques con cilindros de gas de las FARC-EP. "No nos mataron a ninguno de nosotros pero nosotros si nos bajamos a quince policías", nos dijo Elizabeth. "Yo estaba tan asustada cuando empecé a disparar que me temblaban las manos. Me daban miedo los muertos. Yo tenía que quitarles sus armas".[243] Héctor estuvo en la vanguardia de un ataque similar en el departamento de Huila. "El ataque duró toda la noche. Yo estaba asustado. Vi gente muriendo".[244]

"Hubo un combate el primer día", recordó Carolina. "Éramos veinticuatro guerrilleros y nos mataron a cuatro, incluido un pelado de dieciséis. También murieron dos soldados. Yo tenía miedo de la muerte, pero en el segundo combate ya empiezas a estar mejor preparado".[245]

Uno de los objetivos del entrenamiento que se imparte a los niños es prepararles para las brutalidades de la guerra. Un niño habituado a la crueldad y la sangre se considera un soldado más eficaz. Adriana, cuya historia aparece al principio de este capítulo, describió una práctica bárbara que vivió durante su primer combate con las FARC-EP, cuando tenía 12 años:

> Siete semanas después de que yo llegué hubo un combate Yo estaba muy asustada. Era un ataque contra los paras. Matamos como a siete. Ellos nos mataron a uno. Teníamos que tomarnos su sangre para conquistar el miedo. Sólo los que estaban asustados tenían que hacerlo, y yo era la más asustada de todos, porque era la más nueva y la más joven.[246]

Al igual que Xaviera, Óscar, un ex paramilitar, sólo tenía 12 años cuando experimentó su primer combate. Las experiencias brutales durante el entrenamiento también le ayudaron a conquistar el miedo:

> Mi primer combate fue dos meses después de haber terminado el entrenamiento. Era una toma. Éramos 2.000 en el Bloque Metro.

La guerrilla tenía 3.000. El enfrentamiento duró como quince días, y al final ninguno ganó. Vi mucha sangre y muerte. Al principio estaba muy asustado, pero como ya había matado gente en el entrenamiento fue más fácil en el combate.[247]

De los 85 niños que respondieron a las preguntas de Human Rights Watch sobre su experiencia en combate, tres cuartas partes dijeron que habían participado en al menos uno de ellos. Algunos de estos niños dijeron que habían vivido más de diez combates y unos cuantos hablaron de docenas de batallas. También había otros con cicatrices de disparos o heridas de esquirlas.

Los combates habían tenido lugar contra la Policía y el Ejército, o entre la guerrilla y los grupos paramilitares. La mayoría de estas experiencias se produjeron durante ataques a puestos de Policía como los antes descritos. Los enfrentamientos entre la guerrilla y los paramilitares se saldaron con frecuencia con bajos en ambos bandos. Los niños también habían participado en batallas campales en las que columnas enteras de la guerrilla habían sido atacadas por el Ejército o los paramilitares. En los enfrentamientos con el Ejército, los guerrilleros solían enfrentarse a una potencia de fuego superior (lo que incluía ataques con helicópteros, artillería pesada, misiles y ametralladoras pesadas) y a contrincantes mejor entrenados.

Ninguna de las fuerzas guerrilleras intenta proteger a los niños de los peligros del combate. En general, se moviliza a niños y niñas en cuanto han completado su entrenamiento básico, sin tener en cuenta su edad o sexo. Sin embargo, los menores entrevistados no indicaron en general que las fuerzas guerrilleras colocaran deliberadamente a los niños en primera línea para atraer el fuego enemigo, como se ha alegado en ocasiones.[248]

De hecho, sus testimonios no sugirieron que la forma en que se despliega a los niños exponga sus vidas e integridad física a un riesgo mayor que el de otros combatientes. Sin embargo, dado que hasta el 50 por ciento de algunas unidades guerrilleras son niños, éstos están constantemente expuestos al peligro de muerte y heridas graves.

Operación Berlín

Un claro ejemplo de los peligros que enfrentan los niños combatientes es la suerte que corrieron unos 150 menores de la columna móvil "Arturo Ruiz" de las FARC-EP, integrada por unos 380 combatientes. La mayoría de los niños habían sido reclutados en la Zona, en muchos casos mediante presuntas promesas falsas de dinero. La guerrilla los envió en una expedición de 1.100 kilómetros para recuperar territorio controlado por los paramilitares en el nordeste del país. En los últimos meses de 2000, la Quinta Brigada y la Fuerza de Reacción Rápida del Ejército de Colombia emboscaron y derrotaron a la unidad en el departamento de Santander.[249] El Ejército denominó la emboscada "Operación Berlín".[250]

Ramón, de 16 años, cuyo padre y ocho hermanos estaban en las FARC-EP, participó en esta desafortunada expedición. Según su historia:

> A finales de la zona de distensión "El Mono" (el camarada Jorge Briceño Suárez, "El mono Jojoy") conformó una columna que se llamó la "Arturo Ruiz", sacando gente del frente 43, del 44, 67 y del 40, 350 guerrilleros en total. Entonces "El Mono" nos trasladó pal' secretariado, pa' donde está el camarada "Manuel", el estado mayor de todas las guerrillas. Entonces allá llegamos y "el Mono" nos habló a todos. Nos dijo que íbamos para el norte de Santander, íbamos a pelear y que estuviéramos preparados para todo. Entonces, nos despachó, nos puso al mando del camarada Rogelio. Llegamos a La Macarena, Meta, ahí nos estaban esperando como unas cuarenta canoas de esas pequeñas y una lancha, y ahí estaba mi papá manejando una canoa. Nos llevaron hasta por allá unas seis, siete horas por el río abajo y ahí nos tocó andar más o menos como un mes y medio y llegamos al Frente 16, a Puerto Inírida, en el departamento de Vichada.
>
> Ahí nos estaba esperando el camarada al que le dicen "El Negro Apache". Ahí nos estuvimos más o menos como unos diez días. Nos dieron comida, helado, un poco de cosas. Un día mientras el camarada "Rogelio" nos estaba hablando, una muchacha que esta-

ba enamoradísima de un comandante y él no le ponía cuidado, la mandaron a prestar guardia y iba con una pistola y se la puso acá, se voló todo esto así. Se puso la pistola acá, apretó el gatillo y ella misma se suicidó. Tenía catorce o quince años.

Nosotros seguimos hasta el Magdalena Medio. Allá murió una muchacha de una enfermedad que tenía, una enfermedad de transmisión sexual, entonces ella no pudo más, le dio un dolor fuerte y cayó, entonces esa muchacha la enterraron cerca de un río y nosotros seguimos. Tenía diecisiete años.

Estábamos pasando el páramo, un páramo que hay por allá, un nevado, cuando un muchacho, Jairo, se nos quedó. Nosotros no supimos que hacer. Se quedó, y nosotros seguimos el camino y no nos dimos cuenta si él se metió en un matorrito. Entonces él se fue y se le entrego al ejército y dijo todo lo que sabía de nuestra columna. Fue cuando el camarada "Rogelio" nos dijo que el ejército ya nos tenía, nos tenía rodeados, que ya lo único que nos tocaba era enfrentarlos hasta morir. Entonces fue cuando escuchamos helicópteros, escuchamos que con la 150 nos ametrallaban, nos volvieron nada. Nosotros nos pusimos muy tensos, pues a todo el mundo le da miedo cuando siente la muerte cerca, entonces, yo con ese miedo tan berraco que tenía.

Entonces "el Toro" reunió a los muchachos más de confianza y más bravos para el combate. Es que él se llamaba Demetrio sino que le decían "Toro" porque era grandísimo, acuerpado. Éramos unos veinticinco muchachos de diecisiete, dieciséis, dieciocho años, el más viejo era de dieciocho años. [251] Entonces nos fuimos y nos detuvimos arriba a un filo, y fue cuando salió un man acuerpadísimo del batallón del ejército y el "Toro" se agarró, el man tenía una ametralladora y el "Toro" le encendió a plomo, entonces el "Toro" le partió en dos y le quito la ametralladora.

El "Toro" con la ametralladora los ametrallaba y no los dejaba subir, entonces yo con el fusil también, también no los dejábamos subir, entonces fue cuando a la mujer [novia] del "Toro" le pegaron un tiro acá y le salió acá. La mujer del "Toro" iba en embarazo. Le mató el niño y no la mató a ella sino al niño. Entonces el "Toro" otra vez con la ametralladora se levantó más bravo y eso se les fue encima de una vez y entonces fue cuando se le acabaron los tiros de la ametralladora, entonces lo cogieron y le dieron una mano de pata. A nosotros también nos detuvieron rapidito allá, también nos dieron pata y culatas. Con cuchillos nos cogían así, nos daban en el estómago. Nos cogieron a cien. Casi la mayoría eran menores de edad.

Ahí un soldado dijo que nos iban a quemar, ó sea nos trataron mal, nos dijeron que "come vacas no sé que", nos dijeron todo hasta que llegó la Cruz Roja Internacional y arregló. Pues, yo digo prácticamente fue la que nos salvó porque los soldados decían que a nosotros nos iban a matar quemados. Que nosotros no merecíamos, no merecíamos vivir, nosotros éramos una basura para la comunidad. Nos amenazaron tanto porque el "Toro" llevaba veinticinco años en la guerrilla, él era ya un comandante de la guerrilla y era como el quinto o el sexto más buscado del bloque oriental. Entonces fue cuando un helicóptero de la Cruz Roja Internacional paró, nos encontró vueltos nada, yo, porque a mí me habían pegado un tiro aquí en la pierna, aquí vea [muestra la herida], que eso me dejó abierto los dos lados, eso se me veía el hueso, se me veía todo lo de adentro.

Yo sentí un quemazo, fue lo único que sentí y la bota estaba rota de arriba abajo. La Cruz Roja me encontró todo, todo así de tantos golpes que habíamos recibido. La Cruz Roja nos trató bien, bien. Nos trajeron comida, a mí me atendieron, me metieron unas inyecciones y nos dieron comida, nos dieron ropa y entonces a los menores, a todos los menores de edad nos trasladaron a Bucaramanga. Ahí un juez nos dijo que teníamos que estar ahí hasta que se comunicaran para conseguirnos una casa para vivir.[252]

Ángela, una antigua enfermera de las FARC-EP, también resultó herida en la Operación Berlín:

La batalla empezó el 15 de noviembre de 2000. Al principio murió mucha gente. El Ejército estaba furioso. Mataron a muchos de los nuestros, pero nos capturaron juntos a cinco. Después de capturarme, me pegaron en la cabeza con un rifle y me dispararon en la pierna. Pensé que me iban a matar. Por suerte, otro soldado decidió salvarme. Dijo a los demás que no estábamos combatiendo y que no podía hacerlo. Me cortó los pantalones y me ató la pierna para parar la sangre. Me pasé tres meses en el hospital de Bucaramanga. Dijeron que me habían herido en combate. Tenía miedo de contradecirles.[253]

Darío, de 12 años, también recordó los ataques con helicóptero, los niños muertos y su miedo:

Estábamos planeando un ataque al batallón, y ellos nos asaltaron con helicópteros. Nosotros estábamos allí hablando cuando mataron al guardia y ahí se entraron todos y mataron bastante gente ahí. Entonces yo salí y me metí al caño a una quebrada que bajaba por allí. Cuando yo fui a subir pa' arriba y yo llevé el fusil, y me vestí de civil y me salí a un camino, y más arriba me capturaron y dijeron que había otro compañero que me había entregado, que dijo que yo era guerrillero. Mataron a nueve en el combate, había menores de dieciocho años. Había una chica que le habían herido, le colocaron un tiro acá, entonces la china estaba viva todavía, estaba bien, entonces el ejército la mató, la acabó de matar. Se llamaba Juanita. Tenía como dieciocho años.[254]

Las secuelas de la Operación Berlín impactaron incluso a periodista colombianos curtidos en la batalla. "La alegría de la música procedente de las ventanas del vehículo contrastaba con la estricta sobriedad de la escena funeraria: pequeños cuerpos desnudos, once en total, tumbados sobre la parte de atrás de la camioneta que hacía de carro fúnebre", escribió un corresponsal de El Tiempo sobre las bajas.[255]

"Había una chica que le habían herido, le colocaron un tiro acá, entonces la china estaba viva todavía, estaba bien, entonces el ejército la mató, la acabó de matar."

De los 77 combatientes guerrilleros capturados, según el Ejército, 32 eran niños, 19 de ellos eran menores de 16 años. Entre las 46 bajas, 20 fueron niños. Los oficiales militares colombianos dijeron a los reporteros que creían que hasta la mitad de la unidad original estaba integrada por niños.[256]

Ha habido más informes sobre niños guerrilleros caídos en combate. El 28 de enero de 2002, las tropas de la Novena Brigada del Ejército regresaron a un campo de batalla en el norte del departamento de Huila para recuperar los cuerpos de 15 guerrilleros muertos en los enfrentamientos de días anteriores. Descubrieron, para su sorpresa, que ocho de los muertos eran niños de entre 13 y 17 años. "Son niñas", dijeron presuntamente los soldados a su capitán.[257]

El 14 de julio de 2002, el diario Miami Herald informó de otra batalla en el departamento de Huila en la que murieron 30 guerrilleros de las FARC-EP. Más de la mitad de ellos eran niños menores de 16 años. "Algunos estaban quemados, algunos ensangrentados, otros no eran más que niños. Aunque se desconoce oficialmente la edad de los muertos no identificados, las extremidades que sobresalían por debajo de las sábanas azules los delataban. Eran las pequeñas piernas sin pelo de adolescentes".[258]

La suerte de los niños heridos en combate depende en gran medida de las circunstancias. Con frecuencia, se atiende a los niños heridos en las improvisadas y precarias instalaciones médicas de los campamentos.

Betty, una adolescente de raza negra del departamento de Chocó, en la costa occidental de Colombia, confesó que siempre se escondía cuando podía durante el combate, pero una noche fue herida en el estómago por un disparo de los paramilitares. La bala le salió por la espalda y su escuadra no tenía medicinas ni analgésicos. Se le infectó la herida. Habían pasado 18 meses cuando Human Rights la entrevistó en mayo de 2002, pero la herida todavía parecía abierta.[259]

Otros niños combatientes heridos son enviados a su casa o ingresados como civiles en hospitales. Otros son capturados, como le ocurrió a Mauricio en julio de 2000:

> A mí me hirieron en combate. Fue la primera vez que me hirieron. Me dispararon en el hombro izquierdo, y me bajaron la parte de

abajo de la oreja izquierda. Yo quedé en el suelo sangrando. Me desmayé y cuando me levanté estaba en un helicóptero, me llevaron al hospital del batallón.[260]

Los niños con discapacidades graves provocadas por heridas de guerra reciben a veces compensaciones económicas del grupo en cuestión. Algunos se regresan con sus familias.[261]

La muerte de niños en combate no se suele registrar oficialmente. Los grupos guerrilleros entierran a sus muertos en tumbas sin marcar. Si las autoridades recuperan un cuerpo, con frecuencia, los familiares del fallecido no están dispuestos-o tienen demasiado miedo de las represalias del otro bando-a reclamarlo. El cuerpo se entierra en una fosa marcada con las letras NN (No Nombre).[262]

Hacer combatir a los niños les conviete en asesinos y víctimas a la vez. En octubre de 2002, un batallón de las FARC-EP, que, según se dijo, contaba con unos 300 niños, emboscó un puesto de Policía en San Bernardo, Tolima, utilizando morteros, granadas y bombas de cilindros de gas. Al parecer, la guerrilla rodeó las casas de algunos policías y les ordenó que salieran o las destruirían con todos dentro. Un vecino describió cómo "gritaban y pedían que los policías se entregaran y se reían como locos, como si eso fuera un juego". Según un sargento de la policía, "los policías se rindieron con los brazos en alto y los chicos guerrilleros procedieron a fusilarlos en la calle en medio de risas y de gritos triunfales".[263]

Si los refuerzos del Ejército llegan a tiempo, dichos ataques pueden convertirse en batallas a gran escala. Alberto, pequeño incluso para sus 14 años, describió uno incidente de este tipo:

> Una vez estábamos en una operación en Puerto Rico para atacar un puesto de la policía. Llegábamos en un camión lleno de cilindros cuando un helicóptero del ejército nos vio mientras pasaba. Nosotros le disparamos y ellos nos respondieron. Después empezaron a dispararnos rockets. Nosotros pudimos escondernos debajo de unos árboles para que no nos vieran. Más

tarde estábamos otra vez en el campamento y pasó el helicóptero pero no nos vio porque el campamento estaba bien escondido. De todas formas después nos vieron y empezaron a dispararnos, mataron a uno de mis compañeros y a mí me hirieron. Me llevaron de vuelta al campamento y me dieron primeros auxilios.[264]

Paramilitares en combate

Muchos de los ex combatientes de las AUC habían combatido tanto con el Ejército como con la guerrilla, aunque la mayoría de las veces con esta última. Los niños nos dijeron que algunas unidades del Ejército cooperaban estrechamente con las fuerzas paramilitares. Juan Carlos dijo a Human Rights Watch que había participado en unas 18 batallas con las AUC:

> Podían durar cinco horas o todo un día. A mí me dispararon en el brazo una vez, cerquita de la muñeca. Fui a un hospital normal y allá me cuidaron. Otra vez me dispararon en la pierna. Tuvimos como siete enfrentamientos con el ejército. Eso depende del batallón: algunos nos apoyan, otros nos enfrentan. Pero el enemigo real es la guerrilla, no el ejército.[265]

A pesar de que los paramilitares no consideran al Ejército su enemigo, algunos niños sugirieron que les tenían más miedo en el combate:

> Yo estuve como en treinta batallas mientras estuve en las AUC. Algunas con la guerrilla y algunas con los chulos [ejército]. Como once de ellas fueron con el ejército. Ellos están mucho mejor entrenados que la guerrilla. En las batallas con la guerrilla usualmente no hay muertos, mientras que en las del ejército casi siempre hay.[266]

Sin embargo, aunque algunas unidades del Ejército se enfrentaban a los paramilitares, otras los trataban como aliados en la lucha contra la guerrilla, coordinando sus acciones y combatiendo a veces junto a ellos:

Aquí en Antioquia era muy duro porque había mucha guerrilla. A veces el ejército llegaba, pero nosotros cuadrábamos para no enfrentarnos con ellos. No teníamos órdenes para pelear con ellos. Íbamos en patrullas, 1.000 soldados y 1.000 de nosotros. Cuadrábamos planes por radio o por teléfono, entrábamos juntos, lado a lado. Pero algunas unidades si nos enfrentaban, ellos no coordinan sus acciones. En Cali algunos batallones trabajaban con nosotros, como el Batallón Palacé, por ejemplo.[267]

"Llamamos al Ejército 'los primos'", dijo Leonel, un ex paramilitar de Cali. "A veces nos pasan inteligencia sobre la guerrilla".[268]

Adolfo, de 17 años, describió cómo le enviaron del pueblo de Sincelejo al departamento de Caquetá como parte de una incursión paramilitar en la Zona. Dijo que la cooperación con las fuerzas armadas era habitual:

La gente coordinaba con el ejército. La guerrilla tiene un campamento digamos en Aguas Blancas, un departamento en Caquetá, en un caserío a la salida pa' Putumayo. Entonces mi comandante iba y hablaba con éste y con el segundo comandante del bloque. Y bueno hablaban, hay una operación así, el ejército se moviliza pa' tal lado y se encuentran en tal lado, hablaban de si montaban su operativo y alistaban la gente. Alistaban por ahí cinco o seis contraguerrillas, ó sea por ahí unos 200, 300 hombres, y se metía uno con el ejército al campamento. Una emboscada o pa' uno tomarse una base o un campamento eso dura para tres o cuatro días, uno llegó al campamento y se quedó quieto; ni me pisó; se metió dentro del medio de la hierba, el arbusto; y se quedó quieto ahí. Ahí usted no se puede mover para nada, pendiente como se puede entrar, como se puede abajo, se ponen los centinelas de noche, y uno mira que los centinelas se quedan dormidos. Llevamos dos o tres enlatados de atún, jamoneta, y claro uno come eso, un enlatado en un día, al otro día come el otro. Se tiene que quedar quieto uno, sin moverse para ningún lado,

"Llamamos al Ejército 'los primos'", dijo Leonel, un ex paramilitar de Cali. "A veces nos pasan inteligencia sobre la guerrilla".

si le dicen a uno que tiene que estar tendido, tiene uno que estar tendido todo el tiempo. En el momento que dan la orden, uich, se los baja uno toditos.[269]

Severo, un ex guerrillero del Frente 3º de las FARC-EP, describió un incidente en el que su unidad se enfrentó a paramilitares que combatían junto con soldados del Ejército. Los paramilitares ejecutaron a dos de sus amigos después de un combate encarnizado:

> Yo estuve como en treinta combates. Nunca me hirieron ni me enfermé, pero si mataron a dos amigos míos. Uno se llamaba Mauricio y el otro Hugo. Una vez fuimos a un pueblo y destruimos once casas que eran de paramilitares, y el ejército se metió. Como el ejército trabaja con los paramilitares ellos fueron a ayudarles. Hubo un combate armado muy fuerte entre nosotros y el ejército. Estuvimos peleando por tres horas y no nos podíamos ir porque había dos guerrilleros caídos y estaban en el piso heridos. Siempre esperábamos hasta el final para poder sacar a nuestros heridos. Pero los paramilitares llegaron antes y los capturaron. Les dispararon a los dos tres veces.[270]

© Fundación Dos Mundos. Villanueva, Santader. Año 2000.
Autor: Arnulfo Delgado Bueno

XI. PARTICIPACIÓN EN EJECUCIONES SUMARIAS Y TORTURA

Cada una de las fuerzas irregulares del conflicto colombiano mata, hiere y tortura a los prisioneros y secuestra y asesina a civiles. Este tipo de atrocidades no pueden considerarse "excesos". No se apartan de la conducta normal, sino que son una parte integral de la estrategia de guerra empleada durante décadas por ambas partes. Dentro de la guerrilla y las fuerzas paramilitares, la jerga cotidiana es un reflejo de esta cruda realidad. Los sospechosos de ser enemigos infiltrados no son asesinados, son "atendidos", "pelados" o "negociados".

En todas las fuerzas irregulares, los matones merecen respeto. Los niños hablan del asesinato y la crueldad sin inmutarse. Cuando abandonan su casa y su pueblo para unirse a la lucha armada, la muerte violenta se convierte rápidamente en una parte de sus vidas. Adolfo, un muchacho larguirucho y extrovertido que se incorporó a las AUC con 13 años, se reía entre dientes mientras describía su primera experiencia con el asesinato:

> Ellos cogieron a un guerrillero vivo en un combate, me lo dieron a mí y me dijeron que lo tenía que matar. "¿Pero cómo?" le pregunté al comandante, "yo no sé matar a nadie". El man estaba amarrado y el comandante me dio su pistola, me la puso en las manos y le puso el cañón en la cabeza. ¡¡Bang!![271]

Más de una tercera parte de los niños ex combatientes que entrevistamos (40 de 112) dijeron que habían participado directamente en asesinatos fuera de combate. De los que no dijeron haber participado personalmente, más de la mitad facilitaron información sobre asesinatos por parte de su grupo o dijeron que sabían de ellos. En muchos casos, dijeron que los habían presenciado. Los niños tanto de la guerrilla como de las fuerzas paramilitares dijeron a Human Rights Watch que habían visto torturar y mutilar a prisioneros antes de ejecutarlos.

Matar por encargo: Ejecuciones sumarias en las FARC-EP y la UC-ELN

> *Lo único que yo cometí muy mal y lo que veo que pa' mí nunca me sirve fue lo que yo hice en lo que fue matar o ultrajar a la población civil. Porque uno allá en una toma guerrillera ultraja mucho a los del pueblo que están ahí en la misma parte, porque si la región está llena de paracos, la mayoría de civiles son colaboradores de ellos, entonces uno los maltrataba. Ultrajarlo en el momento en que el civil este desarmado o colocarle un fusil o una arma corta a una persona de frente y después de humillarlo yo no hacerle nada, eso es muy duro porque [la víctima] sabe que uno armado y el otro desarmado, ahí no iguala a ninguno sino que hay un poder de uno y el otro está sin poder. Un guerrillero, un paraco o un soldado se siente orgulloso con un fusil y ultraja al civil que no tiene nada.*[272]

Ramón todavía no había cumplido 13 años cuando le ordenaron que ejecutara a un sargento del Ejército acusado de infiltrarse en el Frente 43º de las FARC-EP:

> Yo nunca había estado en combate ni sabía lo que era matar a alguien. Le hicieron un consejo de guerra y le condenó a fusilamiento. A mí me pusieron a matarlo. El primer tiro que hice no le pegué por el miedo que tenía. Me temblaba la mano en que tenía el revólver. Otro muchacho me agarró la mano, un grandote, de unos diecinueve años. Con el segundo tiro le pegué en la pierna y se cayó. Otra vez me autorizaron para disparar. El otro le pegó acá en el pecho y otro acá. Y en la noche no podía dormir con el miedo que sentía. Iba a comer y no podía. Cuan-

do hablé con mi hermano mayor, me dijo que no me preocupara que estas cosas eran normales en la guerrilla.[273]

Milton tenía 13 años cuando le hicieron el primer encargo:

> Yo maté a dos informantes en Medellín. Tenían treinta y ocho y cuarenta y dos años. Yo no tenía miedo de matarlos porque yo ya había estado en combate. Nuestros colaboradores los habían visto hablando con los paramilitares. Yo tenía su dirección y fui a su casa. Éramos dos, pero yo tenía que matarlos. Era una prueba. Yo tenía trece años, fue el mismo año en que me metí a las FARC. Después de hacerlo me sentí ya como grande, como un matón. Pero a veces cuando pensaba en eso me daba tristeza y me daban ganas de llorar.[274]

Los niños de las FARC-EP participan en la captura y la ejecución de combatientes del otro bando y de sus presuntos simpatizantes o colaboradores civiles. También participan en emboscadas con la intención de capturar a civiles. Los niños combatientes se involucran en estas acciones por orden directa de sus comandantes. Tanto los que se niegan a llevar a cabo un asesinato como los responsables de asesinatos no autorizados pueden ser ejecutados.

Los niños tanto de la guerrilla como de las fuerzas paramilitares dijeron a Human Rights Watch que habían visto torturar y mutilar a prisioneros antes de ejecutarlos.

Tanto las FARC-EP como la UC-ELN dicen que se oponen a la violencia dirigida contra la población civil y que aplican la disciplina entre sus tropas para minimizar dichos ataques. Por ejemplo, las FARC-EP consideran infracciones muy graves "el asesinato de hombres o mujeres de la población civil, la violación sexual, el robo a la población civil". Para que se autorice un asesinato, una investigación de la guerrilla tiene que demostrar primero la "culpabilidad" de la víctima. Ambos grupos guerrilleros distinguen dichas ejecuciones de los asesinatos arbitrarios e indiscriminados de civiles. El derecho internacional humanitario no permite este tipo de distinción: la ejecución sumaria de cualquier combatiente o civil capturado constituye una grave violación del derecho internacional.

El reglamento de las FARC-EP se refiere específicamente a las ejecuciones:

> Los mandos y combatientes deben tener en cuenta que los ajusticiamientos sólo se pueden hacer por delitos muy graves de los enemigos del pueblo y con autorización expresa para cada caso, por parte de las instancias superiores de dirección de cada organización. En todos los casos hay que confrontar pruebas y las decisiones deben ser asumidas colectivamente, los jefes deben dejar actas con constancias de las pruebas.[275]

Jorge, de 17 años, tenía una idea clara de los problemas que conlleva:

> En muchas ocasiones se cumple lo que se habla [sobre el trato a la población civil] pero en otras ocasiones son órdenes determinadas que se le dan al guerrillero, que son órdenes que se regulan [por sus comandantes]. Hay otras órdenes que son dadas en general que se pueden cumplir. Uno allá no va a hacer algo que no esté autorizado.[276]

En nuestras entrevistas con niños ex combatientes, descubrimos que muy pocos de ellos cuestionaban el hecho de los civiles sospechosos de colaborar o simpatizar con el otro bando fueran objetivos legítimos. Un ex miembro del Frente 14° de las FARC-EP explicó:

> Si los capturados no hablan se los amarran y mandan a milicianos para investigar lo que han dicho. Cuando se acabó la zona de despeje me tocó guardar unos capturados ahí. La mayoría eran colaboradores de los paramilitares. Habían mandado mucha información y con esa información los paramilitares habían matado muchos guerrilleros. Por eso los mataron. No era duro hacerlo. Soltarlos era peor.[277]

Otros asesinatos, sin embargo, provocan gran desazón en los niños. Después de casi dos años en las FARC-EP, Rodrigo informó a unos campesinos que iban a caer en una emboscada de la guerrilla. Logró escaparse con ellos en su camioneta y se entregó después al Ejército de Colombia:

Fuimos seis en un comando que recibió órdenes de atacar una patrulla. Venían como cuatro camiones con campesinos a bordo. Yo estaba encargado de la guardia. Ya tenía muchas ganas de retirarme desde hace tiempo. Andábamos tanto para arriba y para abajo, entonces yo no podía correr porque me pillaban y me daban plomo. Vi acercarse un camión forrado de campesinos y les dije que había una bomba en la carretera, les dije que pararan y que me cogieran a mí y me llevaran, me subí, y entonces aceleró y nos escapamos. Por suerte la bomba no alcanzó a estallar. Me entregué al batallón de narcóticos del ejército.[278]

Rodrigo había participado anteriormente en la ejecución de un desertor, pero esto le inquietaba mucho menos que el planeado asesinato de estos campesinos, que, según dijo, "no debían nada". De manera similar, a Alberto, un hijo único, le seguía persiguiendo el recuerdo de haber disparado a un anciano adicto al crack.[279]

Jorge participó en varias ejecuciones, pero sólo una le afectó profundamente, el asesinato de una mujer de su pueblo de la que decían que hechizaba a la gente:

Le acusaba de maleficias, de hacer maleficias a las personas, de enyerbar a las personas que le caían mal, entendía brujería, y robaba allí por la vereda, y dieron la orden que teníamos que fusilarla, y la fusilamos allí. Eso fue el 23 de diciembre de 2001. Fue el último fusilamiento que me tocó. El primer fusilamiento no me sentí mal. La única vez que me sentí mal fue con esta señora. A mi me hirió mucho porque era conocida, vivía con ella desde muy pequeño, era de la misma vereda. Yo me sentía muy mal porque ella me distinguía a mí y la familia de ella.

Como ella comenzaba a pedir disculpas, y porque estaba el otro que estaba encargado de la misión, el único que decía era: "yo le he distinguido desde muy pequeño y sé que tipo de persona es usted". Y me dio la orden de darla en este momento. Ella quedó callada, y el otro que estaba, el compañero mío, se retiró un poquito, y en el mismo momento disparé con el fusil, no con el arma corta para no hacer daño a él. Eso fue el único fusilamiento en que me sentí mal, por ser una señora también, porque los otros fusilamientos eran hombres.[280]

Justicia callejera: Asesinatos por la milicia

Los milicianos son los ojos y los oídos de la guerrilla en los núcleos urbanos. Las milicias urbanas operan en la clandestinidad, suelen ir vestidos de civil y viven en sus propias casas o en casas francas. Los niños nos dijeron que, a diferencia de los combatientes totalmente equipados y uniformados de la guerrilla, que reciben un intenso entrenamiento en los campamentos, los milicianos pasan un período más corto de entrenamiento y visitan esporádicamente los campamentos para recibir órdenes, entregar suministros o llevar a prisioneros para interrogarlos.

Operan en pequeños comandos y sus responsabilidades incluyen vigilar los movimientos de la Policía y las tropas del Ejército, reunir inteligencia sobre los paramilitares y sus colaboradores y simpatizantes, y el reclutamiento. Los milicianos recaudan "impuestos" a los narcotraficantes y a los empresarios y llevan a cabo ataques sorpresa a estaciones de policía, emboscadas y secuestros. También participan en asesinatos. Muchos de ellos, posiblemente la mayoría, son adolescentes.

En los últimos años, las milicias de las FARC-EP y de la UC-ELN han librado brutales batallas por el control del territorio con las fuerzas paramilitares que intentan poner un pie en los núcleos urbanos de los departamentos sureños, bastiones tradicionales de la guerrilla, especialmente Caquetá, Putumayo y Guaviare. Los paramilitares también han incursionado en ciudades importantes de los departamentos de Arauca y Santander. En 2000, Barrancabermeja, Santander, tuvo una tasa de 227 asesinatos por cada 100.000 habitantes, una de las más altas del mundo. La mayoría de los asesinatos se atribuyeron a la guerra territorial entre los paramilitares y la guerrilla.[281]

Los que se ven atrapados en cualquiera de los bandos de esta guerra de desgaste corren un grave peligro. Los niños guerrilleros capturados por los paramilitares pueden ser brutalmente torturados. Varios adolescentes que habían estado en las milicias dijeron a Human Rights Watch que se entregaron al Gobierno cuando descubrieron que estaba en las listas negras de los paramilitares. Sin embargo, después de hacerlo seguían temiendo las represalias de su propio bando por desertores o informantes.

Otros, como Wilmer, Rodolfo y Jaime, miembros de un comando de siete personas de la milicia de la UC-ELN en un gran núcleo urbano, fueron capturados por el Ejército. Dijeron a Human Rights Watch que creían que les había delatado uno de los dos líderes del comando, un hombre que había sido capturado y, aparentemente, interrogado bajo tortura por los paramilitares. Posteriormente se halló su cuerpo calcinado. Los tres dijeron a Human Rights Watch que habían participado en el asesinato de paramilitares capturados.[282]

Héctor, de Buenos Aires, un barrio pobre de Medellín, se unió a la milicia de la UC-ELN cuando tenía 14 años. Había tenido que luchar para que las AUC no se introdujeran en su barrio. "Andaban con aerosol metiendo sus radiantes: 'Autodefensas Presentes' decían, allá en el barrio arriba en la sierra. Estando ahí bajaban a la gente del bus y los mataban. Y nosotros no dejamos eso, respondimos para que no se metieran".[283]

Se "investigaba" a los sospechosos de pertenecer a las fuerzas paramilitares. Si se confirmaban las sospechas, Héctor los asesinaba. El silencio se entendía como un reconocimiento de la culpabilidad:

> Primero se investiga, por ejemplo en el barrio ahí se pasaba gente extraña, las cogíamos, venga pa' acá, y nos los llevábamos a una partecita pa' poder a hablar con ellos, a qué, a dónde vienen, que esto y esto. Entonces si los investigamos pues bien, bien, y sí, si nos dábamos cuenta que hacían y toda esa vaina bueno los largábamos, pero si nos dábamos cuenta que eran de un grupo armado de autodefensas pues, entonces se mataban. Si no quiere hablar, se sabe que es un sapo, que es de un grupo armado, y lo matamos.[284]

Peter tenía 12 años cuando se unió a la milicia de la UC-ELN en Chocó. Nos contó una historia similar:

> Sospechosos desconocidos pues que pasan por allí (donde estaba la guerrilla) y no tienen papeles y familia. Los amarran y según el comportamiento que dé o lo que hable, lo investigan. Es muy rarito que se salven después que los cogen así, sin nada. La mayoría no puede (probar su inocencia) porque si va por una zona de esas, y no se tiene nadie que lo apoye, ni familiares ni conocidos, no puede probar su inocencia. Allí mismo lo ajustician por sospecha.[285]

Jenny, una niña parte indígena que jugaba con una muñeca durante la entrevista, sólo llevaba un mes con la milicia de la UC-ELN cuando le ordenaron que mataran a un joven sospechoso de informar al Ejército. "Tenía que llevarle a un punto acordado y matarle yo misma. Tenía que pensar rápido. Sabía que tenía que hacer para escaparme de la prueba. Por suerte, era Semana Santa y el pueblo estaba lleno de soldados. Me entregué".[286]

"Si no quiere hablar, se sabe que es un sapo, que es de un grupo armado, y lo matamos."

Los milicianos, que se ven a si mismos como protectores autoproclamados de los residentes locales, también aplicaban la justicia callejera sumaria a los ladrones de poca monta, los proxenetas, los pequeños traficantes de droga o los que maltrataban repetidamente a sus mujeres. Los traficantes de marihuana era un objetivo especial, dijo Andalecio:

> Tiraban a la marihuana y perjudicaban la gente y ponían quejas que eran muy malucos, viciosos. O sea tanto niño viendo la marihuana se envician y es maluco (no sirve). Les decimos que no, que si siguen así vendiendo eso allí....que mejor que allí lo venden afuera en Medellín para el centro pero que en el barrio no entren. Les decíamos tres veces, se las advertíamos tres veces, y si no hacen caso, sabiendo que eso perjudica al barrio, ya hay una solución, tienen que pelarlos. Y cuando el marido pega a la mujer, peleas entre parejas, pues....hablamos con el hermano que no pegue a la mujer. Que vea hermano por último si no pueden vivir juntos, sepá-

rense o vean lo que hagan, pero eso no lo permitimos. A todo el mundo se lo decimos tres veces.[287]

Tortura en las FARC-EP

En los campamentos de las FARC-EP obligan a veces a los niños a presenciar la brutal tortura de paramilitares capturados o presuntos infiltrados, que perfectamente pueden ser también menores de edad:

> Como a uno, reúnen a todos los que estemos allí y sacan al compañero y allá lo torturan. Cuando un compañero se deserta y roba un fusil queda para ellos como infiltrado. A ellos los pegan duro y los maltratan y a un infiltrado más, porque tiene que cantar todo lo que sepa y donde haya estado. Lo patean, lo pegan con la culata del fusil, a veces lo cortan. Más bien los cortan suavecito, no tan hondo. O con agujas o alfileres chuzan bajo las uñas. He visto eso. Y les cortan los dedos, cortan uno, y si no cantan van cortando los otros. Sobretodo con los infiltrados. Yo no participé, apenas miraba.[288]

A los pocos días de su llegada a un campamento de las FARC-EP, Darío, de 12 años, tuvo que aprender cómo torturar a un prisionero enemigo. Los niños dijeron que no era inusual que los reclutas novatos tuvieran que soportar este tipo de experiencias espantosas para demostrar su dureza:

> Habían capturado a dieciocho de las AUC. Y torturaron y mataron a todos. Primero los amarraron y los llevaron al campamento. Y llamaron a todos los que estábamos en entrenamiento, los recién llegados, a mirar cómo era que mataban. Todos que no sabíamos como era matar o torturar para sacar información. El comandante de la compañía dio la orden, que teníamos que estar para aprender cómo torturar. Los cortaron los dedos, primero le quitaron las uñas, la nariz, cortaron los oídos con cuchillos y después las tetillas, que aún estaban con vida, y después los mataron a tiros. Y miramos, y algunos se retiraron porque les dio asco y vomitaban.[289]

Omar tenía 15 años cuando se incorporó al Frente 29° de las FARC-EP. Fue testigo de una escena similar en tres ocasiones. Se mostró incómodo mientras hablaba de la experiencia:

Habían capturado siete paramilitares. Los tenían en el campamento un día y los mataron a todos. Los oficiales de inteligencia hicieron la investigación. Eran mayores. Yo estaba presente y vi todo. Se eligió a una persona para matarlos, nunca me tocó a mí. Los golpearon y trituraron con cuchillos, con agujas. Los torturan bien. Pobre gente porque... Me sentí mal, era en el tiempo ese, pero uno no quiere acordarse de estas cosas ahora. Uno se siente, porque todos somos seres humanos, y eso también a ellos los dolió que les quitaron las uñas por allí. Ellos mismos hacen los huecos en que los sepultan.[290]

"Y les cortan los dedos, cortan uno, y si no cantan van cortando los otros. Sobretodo con los infiltrados. Yo no participé, apenas miraba."

Aunque ningún niño dijo haber participado directamente en estas atrocidades, muchos fueron testigos directos y algunos fueron obligados a mirar.

Asesinos a sueldo: Niños paramilitares

Le toca entrar a la autodefensas primero es a matar: le dicen allá, aquí va a matar. Desde el principio le enseñan a matar, mejor dicho cuando llega allá en seguida matan a un man, y yo soy recluta entonces me llaman a mí para que lo picotee, para que le moche las manos, le moche los brazos.[291]

Las fuerzas paramilitares, que operan en ciertos casos con la cooperación o la tolerancia de algunas unidades del Ejército, han sido responsables de muchas de las graves violaciones de los derechos humanos cometidas en el conflicto colombiano.[292] Es inevitable que los niños se vean involucrados en los abusos, ya sea como víctimas o como verdugos.

"Nos enseñaron que no había que hacer daño a la población civil", dijo Jonatan, un adolescente de raza negra que pescaba en el río Magdalena para alimentarse antes de incorporarse a las AUC. "Dijeron que había que buscar a la guerrilla, pero los que están trabajando con la guerrilla están también metidos. Se los cuelan y los matan".[293]

"Cuando lo has hecho unas cuantas veces, pierdes el miedo", dijo Cristián, un ex paramilitar:

> Un día que estábamos patrullando allí, en una carretera, entramos en una escuela cuando los niños estaban estudiando y llegamos allí adentro. Ya teníamos una foto de un man que buscábamos, un profesor. Esperamos que terminara la clase y quedó solo. Y le hicimos unas preguntas, y no quiso contestar. Buscamos en un closet, encontramos ropa y una radio, y una pistola. Y como no quiso hablar me tocó a mí matarlo. Era un comandante de la guerrilla. Algunos vecinos nos habían dicho. Teníamos una foto de él en uniforme con un fusil. Yo tenía quince años.[294]

"Es más fácil la segunda vez, uno se vuelve frío", dijo Leonel, de 15 años, a Human Rights Watch:

> Yo tuve que matar gente cuando estaba en los urbanos, maté a un pelado guerrillero de catorce años y a una vieja de treinta. Los paras los habían investigado y sabían en qué andaban. Cuando te mandan a matar a alguien te dan la foto, sus datos personales y su dirección. Nos dieron un fólder con toda la inteligencia necesaria. La primera vez fue en octubre de 2001. Ocho de nosotros (cinco adultos, otros dos de dieciséis y diecisiete años y yo) fuimos a la casa del man. Lo cogimos y lo amarramos. Su familia estaba llorando. Le pusimos una pistola en la cabeza para hacerlo hablar. Y cantó: nos contó de la mujer, dijo que ella era una informante de la guerrilla, que les daba información. Después que habló lo matamos. No podíamos dejarlo ir porque ya nos conocía. Yo mismo le disparé. Fue difícil, pero lo hice por la plata y por ganarme el respeto de los comandantes. Me pagaron 500.000 pesos [167 dólares].[295]

Laidy, que se unió a los paramilitares cuando tenía 14 años, dijo que era la única mujer y la única menor de edad en una unidad especial dedicada a los asesinatos. "Recibíamos 500.000 pesos [167 dólares] por mes cada seis meses. Nos pagaban un extra de 200.000 a 300.000 pesos [67 a 100 dólares] por matar a alguien. Estuve con los especiales durante 16 meses". Explicó:

> Yo maté a un Policía después de haber entrado. Era el comandante de Policía de mi pueblo, no dejaba que los paracos compraran a sus hombres. Me mostraron quién era y me dieron tres días. Yo lo llamé como para levantármelo. Yo estaba con otra muchacha paraca que tenía catorce años. Cogimos un taxi paramilitar (hay muchos taxis paramilitares). Él dijo: "¿Por qué me van a matar?". Yo le dije que él tenía problemas con nosotros. Le disparé en la cabeza con un revolver del .38. No fue difícil porque yo ya había estado en combates y había matado guerrilleros.[296]

Los niños son testigos e incluso participan en terribles atrocidades cometidas por los paramilitares contra los prisioneros guerrilleros. Óscar, que se incorporó a las AUC con 12 años, dijo que el profundo resentimiento y el miedo alimentaban esta crueldad:

> Vi a varios comandantes torturando a guerrilleros capturados. Puede durar todo el día. Todo es posible: los queman, los cortan con cuchillos o con motosierras. Eso lo vi una vez. Algunos de los comandantes tienen muchos resentimientos hacia la guerrilla, y son capaces de hacer cualquier cosa. Especialmente a los que la guerrilla les ha matado familiares.[297]

Adolfo, de 17 años, describió los detalles de la tortura mientras toqueteaba la cubierta de una batería de cámara que estaba sobre la mesa:

> ¿Cómo los torturan? Le saca uno las uñas, le echa ácido muriático en la cara, por el cuerpo, le quema a uno feo.[298] Los quema uno con candela. Llamas, por decir yo pongo una fogata y pongo a calentar una varilla y está bien caliente y se la pongo en el pecho y

se la apago en el pecho, así de sencillo. Yo muchas veces me ponía a jugar con un revólver, una vez había un man al lado mío con un revólver, un 38 y yo estaba uniformado y puse el fusil aquí al lado y le cogí y le saqué el revólver de la cintura y le cogí y le saqué las fujibas, las balas, y le dejé uno y me puse a jugar en la cabeza con el revólver, pum, pum, pum, hasta que llegó la bala en el último seguro y el pegué un tiro en la cabeza. Pues no lo maté, le dio por aquí, o sea le quité un pedacito por aquí, o sea no le tiré a matar, no lo podía matar así, lo podía quemar a ácido pero no lo podía matar, y le quité un pedazo acá con la bala, por aquí por el lado.

"Yo mismo le disparé. Fue difícil, pero lo hice por la plata y por ganarme el respeto de los comandantes."

Eso es que le dan la orden a uno, vaya a pegar un tiro pero no lo maten, le pega uno un tiro en la pierna, en el brazo, pero que no sea con el fusil. Con el fusil, se le mocha en dos... A mí me daba miedo al principio. Porque la primera prueba que le ponen a uno es matar a un man, un guerrillero que traen. "Tráiganme X para que se vaya adaptando", y lo traen a uno, y "mate a ese man", y si uno no lo mata lo matan a uno. Allá traían a los guerrilleros, en el Caquetá donde los cogían, entonces lo llevaban allá a la base, y se los dejaban a uno ahí las personas capturadas, los amarraba uno así las manos y de los pies, entonces unos manes los amarraban de atrás y venía un man que traía la motosierra y lo cogía así, prrr, prrr y lo mochaba por pedazos, y uno ahí. Es parte del entrenamiento.[300]

Autor: William Fernando Martínez

XII. SECUESTROS

Cuidar a los secuestrados era lo más tenaz para mí.[301]

Entre los deberes de los niños combatientes se incluye, con frecuencia, la vigilancia de los policías o militares capturados o de los civiles secuestrados para obtener una recompensa o para un intercambio de prisioneros. Varios de los niños entrevistados por Human Rights Watch dijeron que la responsabilidad de vigilar a los prisioneros iba rotando entre los combatientes, incluidos los niños. Algunos de ellos habían custodiado a prisioneros.

Una buena parte de las víctimas de secuestros son personas ancianas y residentes de las ciudades, para los que la ansiedad que provoca la pérdida de contacto con amigos y familiares y las constantes incomodidades de la vida en un remoto campamento rural son sumamente difíciles de llevar. Varios de los niños que habían custodiado a rehenes dijeron que se sintieron tristes y afectados por la terrible situación de los secuestrados.

Tanto la guerrilla como las fuerzas paramilitares utilizan los secuestros, ya sea para obtener dinero, negociar la liberación de prisioneros, interrumpir los viajes, ejercer influencia política o impedir el proceso electoral.

La guerrilla es responsable de la mayoría de los secuestros. Según la Fundación País Libre, una organización no gubernamental independiente que estudia el fenómeno del secuestro en Colombia, las FARC-EP llevaron a cabo 936 secuestros en 2002.[302] La mayoría de las víctimas son civiles que no participan en la política. Se ha convertido en un fenómeno tan generalizado que los viajes normales y diarios dentro de muchas regiones de Colombia se han vuelto extremadamente peligrosos.[303]

Los niños dijeron que, en los campamentos de las FARC-EP, había turnos de dos o tres horas para vigilar a los rehenes con el AK-47 en la mano. Como nos explicó Ángela, que estuvo cuatro años con las FARC-EP:

> Los secuestrados se vigilaban por turnos, por ejemplo de nueve a mediodía. Yo tuve que hacerlo un par de veces. Normalmente teníamos varios secuestrados, era raro no tener ninguno. Iban y venían; sus familias venían y pagaban por ellos, a veces pagaban una parte del rescate y los dejábamos ir, y después la familia seguía pagando una cuota. La familia siempre encuentra la forma de pagar, piden préstamos. En total yo vi más de treinta secuestrados.[304]

Dagoberto, que se unió a la milicia con nueve años de edad y era comandante en toda regla de la guerrilla con 13 años, señaló que algunas víctimas eran secuestradas en sus casas:

> Teníamos una cantidad de secuestrados, muchos: cuatro o cinco cada mes. A veces los cogíamos en retenes, o en Cali, donde entrábamos a las casas de los ricos. Nos llevábamos a la gente para los campamentos. Cada uno tenía a dos personas cuidándolo todo el tiempo, con turnos de dos horas. Las familias pagaban hasta cuarenta o cincuenta millones de pesos (17.000-22.000 dólares) para rescatarlos. Hubo uno que tenía un rescate de cien millones de pesos (44.000 dólares).[305]

Darío tenía conocimiento del tiempo que llevaban secuestrados algunos rehenes:

> Había cinco secuestrados en nuestro campamento, todos hombres, entre veinte y cuarenta años. Uno era el director de un colegio. Los otros trabajan en empresas. Uno de ellos llevaba tres años ahí cuando yo llegué, y seguía ahí cuando me fui. Durante el día ellos podían

caminar por ahí, pero siempre acompañados por un guardia. En la noche los amarrábamos a una hamaca, en carpas de ocho por ocho. Los turnos de centinela duraban dos horas.[306]

La mayoría de los niños que habían custodiado a rehenes nos dijeron que podían hablar libremente con ellos, y algunos llegaron a conocer bien a los secuestrados y a considerarlos como amigos. "Podíamos hablar con ellos de cualquier cosa", nos dijo Darío.[307]

Como recordó Lenny, de 16 años:

> Yo tuve que cuidar a dos secuestrados en la zona durante seis meses en el 2000. Yo podía hablar con ellos, y terminamos de amigos. El señor tenía cincuenta y seis años y era diabético, la vieja era su mamá. Ella tenía ochenta y cuatro años y muchos problemas de salud, también era diabética. Los cogieron mientras iban en el carro. Él era rico. Yo oí que las FARC pedían mil millones [353.000 dólares] de rescate. Un equipo completo los estaba cuidando, éramos doce en total. Yo era el único niño. Los tratábamos bien, tenían televisor, y podían caminar por ahí.[308]

"Teníamos una cantidad de secuestrados, muchos: cuatro o cinco cada mes."

Ninguno de los niños que entrevistamos dijo que se maltratara deliberadamente a los rehenes. De hecho, se les albergaban, con frecuencia, en las mejores instalaciones que podía ofrecer el campamento. No obstante, su sufrimiento afectó a muchos de los niños.

Severo, un muchacho de 16 años de Caquetá, estuvo presente cuando las FARC-EP secuestraron a la candidata presidencial Ingrid Betancourt, el 23 de febrero de 2002, a los pocos días de la ruptura de las negociaciones de paz.[309]

> Lo único que a mí me dio pena fue cuando secuestraron a la candidata Ingrid Betancourt. Yo estaba ahí cuando la cogieron y todo y la llevaron. El que la secuestró fue el Frente 15, pero entonces nosotros estábamos. A mí me dio pesar la muchacha esta y

todo. Iba sin guardaespaldas. Los que estaban en el retén eran tres y nosotros estábamos en emboscada en la carretera esperando que llegara el ejército. Cuando todos ellos dijeron que se la iban a llevar, que la iban a secuestrar pues, ella se bajo del carro y la cogieron y la llevaron. La llevaron pal' campamento y en el campamento la tuvieron y después la sacaron.

No la maltrataron. Allá es prohibido secuestrar a uno y maltratarlo. Tienen que darle el mejor comportamiento, el mejor trato. Pero me dio pesar de esa señora de esas que se mantiene allá en el pueblo y no está enseñada andar po' allá en las cordilleras. La cordillera es dura, uno necesita estar enseñado a eso. Allá llueve mucho y hay que secar la ropa todo el día. Y eso le da muy duro a ella.[310]

La UC-ELN obtiene dinero de los rescates y ha secuestrado a muchos empresarios, especialmente ejecutivos de petroleras y trabajadores del oleoducto. En 2002, País Libre registró al menos 776 secuestros de personas por parte de la UC-ELN para obtener rescates o ejercer presión política.[311]

Aunque Carlos Castaño ha declarado en repetidas ocasiones que no tolera esta práctica, las AUC también han realizado secuestros. País Libre atribuyó 180 secuestros en 2002 a los grupos aliados con las AUC.[312]

Niño campesino en la región del Sumapaz
Autor: William Fernando Martínez

XIII. LAS FUERZAS GUBERNAMENTALES

Quería ayudar a la gente pobre. Tengo dos primos en el Ejército. Si hubiera sido lo suficiente mayor me habría alistado también.[313]

Desde 1997, la legislación colombiana no permite el reclutamiento de niños en las fuerzas armadas o la Policía hasta que hayan cumplido 18 años (la regla de la mayoría de edad).

La Ley 548 del 23 de diciembre de 1999, que prorrogó durante tres años (hasta el 23 de diciembre de 2002) la vigencia de la Ley 418 del 26 de diciembre de 1996, prohíbe el reclutamiento de menores de 18 años para el servicio militar. La Ley 548 anuló la única excepción a la regla de la mayoría de edad contemplada por la Ley 418, por la que los estudiantes de undécimo grado podían alistarse con el consentimiento de sus padres antes de cumplir 18 años.

La Ley 548 dispone que las autoridades civiles o militares que recluten a menores de 18 años serán culpables de mala conducta sancionable con la destitución. Mientras que los miembros de los grupos armados están sujetos a sanciones penales por reclutar a niños, la ley no considera enjuiciable penalmente el reclutamiento de menores por parte de oficiales de las fuerzas armadas o la policía.

El 20 de diciembre de 1999, 618 menores de 18 años fueron dados de baja del Ejército y más de 200 de las fuerzas de seguridad del Estado.[314] Human Rights Watch no ha recibido informaciones fiables de que siga habiendo niños en las fuerzas armadas regulares o la policía.

Sin embargo, hemos recibido testimonios que indican que algunos niños han sido utilizados como informantes por unidades del Ejército. En Los lazos que unen, un informe de Human Rights Watch publicado el 23 de febrero de 2000, exponíamos en detalle la conducta de la Tercera Brigada del Ejército de Colombia, a la que los investigadores del Gobierno habían relacionado con la formación de grupos paramilitares en el departamento de Valle. Durante su visita a Colombia, en enero de 2001, Human Rights Watch entrevistó a Felipe, un adolescente que había trabajado para el servicio de inteligencia de la Tercera Brigada cuando se formó el Frente Calima de las AUC. Cuando le entrevistamos, Felipe estaba bajo protección oficial por orden de la Fiscalía General debido a las amenazas contra su vida.[315]

Felipe dijo a Human Rights Watch que había empezado a trabajar con la Tercera Brigada cuando tenía 14 años, reuniendo inteligencia sobre la guerrilla a cambio de dinero. También trabajó para el Batallón Palacé, parte de la Tercera Brigada, y acompañó a unidades del Ejército en operaciones. "La primera reunión en la que estuve entre los paramilitares y el Ejército fue alrededor de marzo de 1999, en el cuartel general de la Tercera Brigada en Cali", dijo Felipe. "Estaban reuniendo juntos todos los detalles sobre gente rica de la zona para que pudieran contribuir dinero para traer a los paramilitares a su región".[316]

Fernando, un muchacho de 15 años de Cazucá, un barrio pobre de las afueras de Bogotá, dijo a Human Rights Watch que, a principios de 2002, fue abordado por un oficial del Ejército que le ofreció más de cinco millones de pesos [1.670 dólares] para trabajar de informante. El oficial le dijo que toda la información que suministrara se pasaría a la Gaula, la unidad conjunta del Ejército y la Policía especializada en secuestros. "Quería saber si yo quería ganar plata con él. Que lo ayudara, y me daba plata, si quería estar con mi familia, me daba plata para ropa, una pieza y seguir mis estudios. Me dijo todo, que me iban a enviar a otra parte donde nadie me conocía".[317]

El Teniente Coronel Luis Alfonso Novoa Díaz, coordinador del Grupo de Derechos Humanos de la Policía Nacional, dijo a Human Rights Watch que la Policía no permite el reclutamiento de niños como informantes. Admitió, sin embargo, que pueden existir casos aislados, sobre todo teniendo en cuenta que la Policía recibe información que le suministra voluntariamente la población, incluidos los niños. Dijo que no conocía ningún caso en el que un agente de Policía hubiera sido disciplinado por utilizar a niños como informantes.[318]

El uso de niños como informantes por parte de las fuerzas de seguridad pone inmediatamente en peligro sus vidas. De hecho, supone un riesgo para cualquier niño del que se pudiera sospechar que es un informante. En una guerra irregular como la colombiana, el riesgo que corren estos niños de que los capturen o ejecuten es tan grande como el que correrían si fueran combatientes regulares. Dado que los informantes no llevan uniforme y operan en secreto, su reclutamiento es difícil de demostrar y la fuerza armada responsable puede fácilmente negarlo.

© Fundación Dos Mundos. Concurso de fotografía: "Las otras huellas de la guerra"
Autor: Andrés Sierra

XIV. DESERCIÓN, CAPTURA Y DESPUÉS

Yo me salí pues para ver a mi familia, que los vi mal pues con la actitud que tomé yo cuando estaba pues más joven. Me llevaron (la guerrilla) muy lejos pues de la tierra de donde yo era. Después de mucho tiempo de no verlos, me dieron el permiso y vinimos seis por ahí. Llegué a la casa y a los quince días que me salí ya volví (a la guerrilla). Fue cuando yo sentí aburrición de haber tenido la familia cerca, de haber hablado con ellos que hace dos años que no los había visto, y de haber compartido lo que yo aprendí por allá en el tiempo que estuve perdido. A mí se me volvió pues muy duro, yo volverme y dejarlos otra vez, y no volverlos a ver por un tiempo sin saber si volvía o no. Y la segunda venida vine sin permiso de allá que ya fue cuando me salí derecho.[319]

El nivel de desgaste entre los niños combatientes de Colombia es alto. Al menos el 40 por ciento de los 112 niños que entrevistamos se habían entregado a la Policía o al Ejército. Muchos de los que habían desertado llevaban meses, si no años, buscando una oportunidad para escaparse. Entre los demás había algunos niños, especialmente los que habían estado con los paramilitares, que dijeron que no quisieron marcharse. Tan sólo unos cuantos dijeron que querían regresar.

Sin embargo, muy pocos de ellos pueden regresar con sus familias. Los que desertaron de la guerrilla o de las fuerzas paramilitares corren el riesgo de que los capturen y los maten y, si vuelven a casa, pueden poner también a sus familias en peligro. Algunos niños no quieren regresar a sus casas y, en algunos casos, los propios padres están con la guerrilla o los paramilitares. La mayoría de los niños se entregaron en busca de protección, a pesar de que, según nos dijeron algunos, tenían miedo de que los golpearan o maltrataran.

Los capturados por el Ejército o la Policía se ponen normalmente a disposición de los jueces de menores. Muchos de los niños con los que hablamos estuvieron inicialmente internados en centros de detención para delincuentes juveniles. Finalmente, los trasladaron a un centro de acogida administrado por el Instituto Colombiano de Bienestar Familiar (ICBF).

Por ejemplo, Elías y John Freddy estuvieron detenidos durante tres y cuatro meses, respectivamente, en el centro correccional de Ibagué, en el departamento de Tolima; William estuvo tres meses en La Pola, en Medellín; otros ingresaron en el programa del ICBF después de breves períodos de detención, y unos cuantos fueron admitidos casi inmediatamente. Los centros correccionales para menores no ofrecen la debida seguridad a los ex combatientes, que están expuestos a las represalias de sus adversarios o de sus antiguos camaradas. Teniendo en cuenta sus especiales circunstancias, encarcelarlos junto con delincuentes urbanos y consumidores de drogas tampoco es una medida adecuada.

El juez de menores es el encargado de decidir el destino del niño después de su captura.[320] Los expertos legales señalan que los criterios utilizados por los jueces varían ampliamente en todo el país.[321] Según las estadísticas del ICBF, unos dos tercios de los niños que desertan o son capturados son considerados delincuentes juveniles por un tribunal de menores. El tercio restante son tratados como menores en situación de riesgo y se internan en una institución del ICBF especializada en niños ex combatientes.[322]

En la práctica, sin embargo, la mayoría de los niños dentro de ambas categorías acaban bajo el cuidado del ICBF. No obstante, ningún funcionario del ICBF o de la Defensoría del Pueblo pudo ofrecer a Human Rights Watch una idea clara de cuántos niños ex combatientes estaban internados en centros correccionales para menores o de dónde estaban recluidos, lo que nos hizo imposible visitar a ninguno de ellos. A pesar de la atención que se ha prestado recientemente a la cuestión de los niños ex combatientes, sigue existiendo la preocupación de que los jueces de áreas remotas donde no hay una oficina local del ICBF continúen enviando a la cárcel a dichos menores, un problema que reconocieron los funcionarios del Gobierno.[323]

El bienestar de estos niños es motivo de preocupación, ya que, aparte del riesgo que corren estando en prisión, carecen de acceso a la orientación psicológica y otros servicios disponibles en los centros del ICBF. La Defensoría del Pueblo y el ICBF han instado a los jueces a den la máxima consideración al bienestar y el mejor interés de los niños, de conformidad con la Convención de las Naciones Unidas sobre los Derechos del Niño.[324]

En abril de 2002, el ICBF envió a jueces de todo el país un folleto explicando las directrices sobre ex combatientes que tenían que seguir las fuerzas armadas, la policía, los jueces y los funcionarios encargados del bienestar familiar. En el folleto se afirma que "todo niño, niña o joven desvinculado de las organizaciones al margen de la ley que participen del conflicto armado interno, tienen derecho a la protección especializada del Estado, sin importar el tipo de desvinculación". Como se señala más adelante, los niños disfrutaban de diferentes derechos dependiendo de si habían desertado o habían sido capturados, o de a que grupo armado irregular habían pertenecido. En las directrices se insiste en que, independientemente de la situación jurídica de los menores, ninguno de ellos debe ser detenido por la Policía o el Ejército, ni internado en centros de detención para delincuentes juveniles, después de su entrega o captura. Todos ellos deben ponerse inmediatamente a disposición del ICBF e ingresados inmediatamente en su programa.[325]

Tratamiento en el momento de la captura

La mayoría de los niños entrevistados por Human Rights Watch dijeron que las fuerzas de seguridad los habían tratado bien después de su captura. Muchos niños ex combatientes lo afirmaron sin atisbo de duda.

Había, sin embargo, algunas excepciones importantes. Algunos niños dijeron que los habían golpeado, pateado e insultado. En varios casos, los niños dijeron a Human Rights Watch que los oficiales superiores habían intervenido para que sus subordinados dejaran de maltratarlos.[326]

Uno de estos casos es el de Efraín, un muchacho de 16 años de Putumayo miliciano de las FARC-EP. Efraín fue capturado con un compañero miliciano en enero de 2002.

> Nos tenían a los dos en el suelo. El soldado dijo "requísenlo" y empezaron a requisarme y me sacaron el revólver y echaron uno tiro con ese mismo y entonces de una supieron que era miliciano. Una amiga administrativa, una gente me sapearon, ó sea una muchacha les dijo que era miliciano. Entonces yo le dije, mire lo que pasa es que nosotros tenemos fincas y nosotros somos unos empleados más aquí, la guerrilla nos cobra vacunas, le dijimos nosotros. Le dije que a mí me lo dieron el revólver por 800 pesos. "Un señor ahí que era amigo mío pero él se fue pa' otra parte, para Bucaramanga". Entonces ya mi amigo comenzó a decir otra cosa, yo decía una cosa y él decía otra. Cuando de una nos dijo: "diga la verdad ¿quién era?".
>
> Entonces al otro día nos hicieron dormir allí, amarrados, a la intemperie. Llovía, ese día cayo un aguacero, un frío, eso se me hizo larga esa noche, y ya me tenían ahí y al otro día me dieron desayuno y me separaron de mi amigo. "Ahora si me va a decir la verdad, va a decir la verdad, usted es miliciano, ¿usted es colaborador de la guerrilla o es guerrillero?" Entonces yo le dije "no". A mí me tenían amarrado así con las manos atrás, así, me pegaban en la cara, en todo el cuerpo. Entonces, al rato me empezaron a dar con agujas, con unas agujas de esas de coser costales, aquí en la espalda. Ya me empezaban a dar adelante, cuando alguien decía para que no me maltrataran así, decían que no me peguen más. Y otros decían que no, que no, que era un miliciano, que era un guerrillero. Bueno entonces el otro, el otro claro fue y dijo todo, que sí que yo, yo llevaba cinco años en la guerrilla, que yo soy guerrillero, que estaba trabajando en una misión y que si era miliciano, él con-

tó todo. Había escuchado mis gritos. Para que no le fueran a hacer lo mismo porque a él ya lo iban a torturar también así, ya le iban a maltratar. Yo no quería meter a mi familia en mis problemas. Porque uno a la hora de la verdad se va, el ejército se lo lleva a uno pa' donde sea pero uno deja embalado a la familia porque el ejército dice: "vea su hijo hizo esto y esto y esto". Entonces a mí, entonces yo no quería decir la verdad y volvieron y me cogieron y volvían y me daban y yo nada. Me daban agua, yo estaba seco de la sed. Entonces de ahí ya me amarraron, me hicieron quitar la camisa y me amarraron a un palo, con un brazo acá, y me dieron con el estuche del machete que tiene unos flecos en cuero de adorno. Ese hombre daba muy feo, muy feo. No me sacó sangre, pero pues si le deja a uno quemado. Al final les conté la verdad. Tenía miedo que me ponían la aguja entre el dedo y las uñas, como lo hacen los paramilitares.[327]

"Al rato me empezaron a dar con agujas, con unas agujas de esas de coser costales... entonces el otro, él contó todo. Había escuchado mis gritos."

Rodolfo, Wilmer y Jaime, todos ellos de 17 años de edad y miembros de un comando de la milicia urbana en Arauca, fueron detenidos por la policía, gracias a un chivatazo, cuando estaba durmiendo en la casa de Wilmer, en marzo de 2002. Los tres dijeron a Human Rights Watch que los golpearon y patearon después del arresto. Rodolfo dijo a Human Rights Watch que un Policía le golpeó y pateó el estómago, y le pegó en la cabeza con unas esposas y un cinto de cuero.[328] Dijo que lo tuvieron detenido toda la noche con las muñecas encadenadas a un barrote de la ventana para que no pudiera tumbarse. Jaime contó que el Policía le dijo: "Le deseo a Dios que te caiga encima una bomba de cilindro para que sufras lo que has hecho sufrir a otros".[329]

Los tres fueron trasladados de la estación de Policía a un centro de detención para menores en la ciudad de Arauca, donde estuvieron internados durante un mes con delincuentes comunes juveniles. De Arauca los llevaron al ICBF en Bogotá.[330]

Las tropas del Ejército presuntamente golpearon y maltrataron a los niños capturados durante la Operación Berlín hasta que los oficiales superiores intervinieron para protegerlos. Darío, de 13 años, que, un año antes, había perseguido al comandante del Frente 33º de las FARC-EP para que le dejara incorporarse, dijo a Human Rights Watch:

> Cuando me capturaron me dijeron que les diera información, pero yo no quería. Entonces me dijeron que si no les decía me mataban o que me dejaban botado. Me pegaron y me dieron patadas en la barriga y el cuerpo. Pero yo no les quise responder, entonces un sargento llamó de aquí del batallón les mandó a decir que me llevaran y llegamos al batallón. Después me dejaron quieto, dijeron que no me pegarán. Estuve en el batallón un día y después me mandaron a Bienestar Familiar en Bogotá.[331]

Según otras versiones de la Operación Berlín, parece que los mandos superiores detuvieron el maltrato a los prisioneros guerrilleros, tanto adultos como menores. Ramón, que también tenía 12 años cuando se unió a la guerrilla, dijo a Human Rights que la llegada del CICR le salvó probablemente la vida. Los soldados habían amenazado con quemarlo vivo.[332] Un funcionario de la Defensoría del Pueblo, que participó directamente en la entre de unos 65 niños desertores de las FARC-EP en Suratá, Santander, dijo que la conducta de la Quinta Brigada había sido "impecable y respetuosa".[333]

Habitación de una niña ex-combatiente en casa manejada por
el Instituto Colombiano de Bienestar Familiar (ICBF).
© Joanne Mariner/Human Rights Watch

XV. RESCATADOS DE LA GUERRA: PROGRAMAS OFICIALES PARA LA REHABILITACIÓN DE LOS NIÑOS COMBATIENTES

Ser capturado me devolvió la libertad.[334]

Lo malo era entregarme al grupo. Ahora tengo la esperanza de estar de nuevo con mi familia y compartir con ellos, de recapacitar, de pensar en una mañana mejor y ver las cosas con los ojos abiertos.[335]

Me fui cansando de ver matar a tantos de mis amigos. Fueron cuatro años perdidos, cuatro años sin una familia.[336]

Yo quiero tener una familia. Nunca les contaría a mis hijos que estuve en las AUC.[337]

Incluso los niños que han vivido las más crueles experiencias anhelan la normalidad: regresar con sus familias, tener sus propias familias o simplemente recuperar las vidas que dejaron atrás. El Gobierno de Colombia administra dos programas para ayudar a los niños ex combatientes a recuperar la estabilidad. Desde 1999, el Instituto Colombiano de Bienestar Familiar ha ofrecido asistencia a más de 750 niños ex combatientes, de los cuales 660 fueron puestos a disposición del ICBF después de su captura por la Policía o el Ejército y 92 habían desertado y se habían entregado a las autoridades.[338]

Además, el Ministerio del Interior gestiona un Programa de Reinserción para asistir a los desertores, incluidos los niños, de los grupos guerrilleros cuyo carácter beligerante ha sido reconocido por el Gobierno, lo que, en la práctica, afecta a las FARC-EP y la UC-

ELN. Este programa, que se inició con motivo del acuerdo de paz de 1990 con la guerrilla, excluye a los desertores paramilitares y a los niños de cualquier grupo armado que no se hayan entregado, sino que han sido capturados. Después de la Operación Berlín del Ejército de Colombia, el Ministerio inició un nuevo programa para los niños que asiste actualmente a unos 150 menores.[339]

Existen diferencias en la filosofía y los métodos que subyacen de la estrategia de estos organismos oficiales. Mientras que el ICBF ofrece mayor apoyo institucional, protección y atención especializada, el Programa de Reinserción da más independencia y más dinero a los niños.[340]

La iniciativa del ICBF data de 1996, el año en que las Naciones Unidas publicaron un informe emblemático de la Experta del Secretario General, Graça Machel, sobre las repercusiones de los conflictos armados en los niños. En abril de eses año, el equipo de la ONU celebró una consulta regional en Bogotá entre cuyas recomendaciones estaba "desarrollar programas de recuperación psicosocial de los niños afectados, su rehabilitación y cuidado. El acceso a esos servicios debe afirmarse como un derecho básico de todos los niños, de acuerdo a la Convención sobre los Derechos del Niño".[341]

Durante ese mismo mes, los ministros del entonces Presidente Andrés Pastrana firmaron una declaración de intenciones de rescatar a los niños de los efectos destructivos del conflicto. En mayo de 1996, la Directora del ICBF, Adelina Covo, envió una carta a los comandantes de la guerrilla y las fuerzas paramilitares instándoles a que alcanzaran un acuerdo con el Gobierno al menos para una cosa: poner fin a que los niños colombianos tomen las armas.[342] Aunque la carta no logró su objetivo (las respuestas de las FARC-EP y la UC-ELN se señalan anteriormente en este informe), todos los actores involucrados en el conflicto han permitido al menos que el programa de rehabilitación del ICBF funcione libre de ataques, amenazas u hostigamientos.[343]

Animada por los esfuerzos del ICBF, la Defensoría del Pueblo publicó una serie de informes oportunos sobre la repercusión del conflicto armado en los niños y pidió la adopción de un programa de rehabilitación adaptado a sus necesidades especiales. La diferencia fundamental con los programas oficiales existentes para menores detenidos era que los niños ex combatientes serían tratados con respeto a su dignidad como víctimas del conflicto y sin aplicarles el estigma de la delincuencia.[344]

Los programas del ICBF se dividen en tres fases. Inicialmente, los niños reciben atención médica y orientación psicológica durante unas cuantas semanas en una discreta "institución de protección" de Bogotá (la seguridad es una preocupación constante en todos los centros). Cuando Human Rights Watch las visitó en mayo de 2002, las dos instituciones de protección de la capital estaban ocupadas a plena capacidad por más de 40 niños y niñas. Después del chequeo y la evaluación, los niños se trasladan a uno de los varios "centros de atención especializada", que, cuando se escribió este informe, estaban ubicados en las afueras de Bogotá, Medellín, Cali y Bucaramanga.

En contraste con la estrechez de las instituciones de protección, los centros de atención especializada que visitamos eran casas de campo espaciosas con grandes cocinas, patios y jardines con espacio para animales de compañía, pollos, cerdos, árboles frutales y huertos, incluso una piscina. Las habitaciones de los niños estaban separadas por sexo. Cada niño tenía una litera con espacio para colocar sus pertenencias.

Los centros estaban administrados por ONG locales contratadas por el ICBF y disponían de jóvenes trabajadores sociales, psicólogos y profesores. El ambiente en cada una de las casas era festivo, informal y bullicioso, y recordaba bastante a un campamento de verano. Los niños, asustados y desconfiados al principio, especialmente si habían sido capturados, iban bajando la guardia gradualmente, según nos dijeron los trabajadores sociales. A pesar de la ferocidad del conflicto que han dejado atrás, se dice que son raras las peleas entre niños procedentes de bandos opuestos.[345]

Mientras el niño está en el centro, el ICBF intenta establecer contacto con su familia. En muchos casos, es imposible organizar su reunificación. A veces, los padres o el niño no demuestran ningún interés. En otras ocasiones, ambos temen las represalias de la guerrilla o los paramilitares. En ciertos casos, los padres están en un grupo armado.

En la tercera fase del programa del ICBF, una minoría de los niños puede regresar con sus padres o irse a vivir con un familiar cercano. Lo más habitual es que los niños salgan de los centros para irse a vivir con unos cuatro ex combatientes en un "hogar juvenil", que suele ser un apartamento dentro de un núcleo urbano, donde les supervisa un tutor elegido por la institución. Los niños pueden abandonar el programa cuando cumplen 18 años.[346]

El programa de rehabilitación del ICBF se expandido rápidamente desde sus comienzos en 1999. Durante 2002, se produjo un aumento drástico del número de desertores de las filas de la guerrilla, así como la proporción de niños entre ellos. Según las cifras oficiales, en 1999 desertaron 102 combatientes de la guerrilla, entre ellos cinco niños, en 2001 el número de deserciones se acercó al millar, de los cuales 413 eran niños. También aumentó considerablemente el número de niños capturados.[347] Cuando Human Rights Watch visitó los centros de acogida de Bogotá en mayo de 2002, habían colocado literas extra en el espacio disponible para acomodar a las docenas de menores que iban llegando.

A pesar de la ferocidad del conflicto que han dejado atrás, se dice que son raras las peleas entre niños procedentes de bandos opuestos.

El Programa de Reinserción, organizado por el Ministerio del Interior para atender las necesidades de los niños combatientes desmovilizados, empezó a operar en serio en diciembre de 2000, impulsado por la gran cantidad de menores que desertaron de las FARC-EP durante la Operación Berlín. El programa asiste actualmente a unos 150 niños que viven con algún familiar o, lo que es más habitual, un hogar sustituto seleccionado por el programa. Los niños de Bogotá asisten a la escuela especial del programa, pero, a parte de este requisito, no están institucionalizados en absoluto. También pueden recibir beneficios económicos, tales como una dotación inicial de ocho millones de pesos (unos 2.660 dólares) para establecer un negocio, y recibe formación sobre administración de pequeñas empresas.

El marco legal de los programas de asistencia del Gobierno

Ninguna ley nacional específica regula la asistencia humanitaria a los niños ex combatientes. El marco legal para el programa de desmovilización del Gobierno está recogido en una ley con fines más políticos que humanitarios-para crear las condiciones para el inicio de las conversaciones de paz con las FARC-EP. El primer capítulo de la Ley 418, aprobada el 26 de diciembre de 1997, contenía "disposiciones para facilitar el diálogo y la suscripción de acuerdos con organizaciones armadas al margen de la ley, a las cuales el Gobierno Nacional les reconozca carácter político para su desmovilización, reconciliación entre los colombianos y la convivencia pacífica".[348]

Los artículos 50 y 60 permitían al Gobierno, respectivamente, conceder indultos o anular los cargos en el caso de aquellos condenados, enjuiciados o acusados de pertenecer a organizaciones armadas a las cuales el Gobierno les reconozca el carácter político, o de actos criminales relacionados, siempre que el grupo o la persona en cuestión haya abandonado la lucha armada y optado por retomar la actividad política legal e integrarse en la vida civil. La disposición no era aplicable "a quienes realicen conductas que configuren actos atroces, de ferocidad o barbarie, terrorismo, secuestro, genocidios, homicidios cometidos fuera de combate, o colocando a la víctima en estado de indefensión".[349]

El artículo 50 incluía una disposición especial para los niños por la que se exigía a los fiscales y a los jueces que sometieran sus casos a un organismo técnico, el Comité Operativo para la Dejación de las Armas (CODA), que tenía que decidir si podían beneficiarse de la ley. La CODA sólo otorgaba inmunidad penal y beneficios económicos a los niños de las FARC-EP, la UC-ELN y otros grupos guerrilleros más pequeños que se hubieran entregado. La ley negaba tanto la inmunidad como los beneficios a los miembros de las AUC o a los combatientes capturados de cualquier otro grupo armado.

Cuando el Congreso aprobó la Ley 782, prorrogando la vigencia de la Ley 418, el 23 de diciembre de 2002, se introdujeron tres cambios importantes que afectaban a los niños. Se eliminó la referencia del artículo 50 a las organizaciones armadas "a las cuales se les reconozca carácter político", para que los niños de los grupos paramilitares también pudieran beneficiarse en el futuro de la ley. En segundo lugar, el niño "que tome parte en hostilidades" se consideraría a partir de ese momento una "víctima de la violencia política" y podría recibir asistencia humanitaria del Gobierno.[350] Finalmente, se introdujo una nueva disposición pidiendo al ICBF que diseñara y aplicara un programa especial en beneficio de todos los niños que hubieran tomado parte en las hostilidades o hubieran sido víctimas de la violencia política. Esta fue la primera ley que atribuyó un mandato legal específico al programa del ICBF para los niños ex combatientes.[351]

En 2002, el Gobierno introdujo un proyecto de ley en el Congreso por el que los niños combatientes mayores de 12 años tendrían responsabilidad penal por ciertos crímenes de "especial gravedad", como la desaparición forzada, la extorsión, la tortura, el secuestro, el genocidio, el homicidio agravado, el homicidio simple, la conspiración para cometer dichos crímenes, el abuso sexual con violencia cuando la víctima es menor de 18 años, el abuso sexual de niños menores de 14 años y el abuso sexual de personas indefensas.[352]

El asunto de cómo se debe tratar a los niños responsables de atrocidades cometidas mientras formaban parte de grupos armados sigue planteando dificultades. Como han demostrado los estudios actuales, una proporción considerable de los niños ex combatientes admite haber participado directamente o haber sido cómplice de alguno de estos crímenes graves.[353]

No se hace puede hacer a los niños responsables de las mismas decisiones que los adultos y, por lo tanto, no se les puede castigar como si fueran adultos, incluso cuando sean hallados culpables de crímenes atroces. Mientras que la mayoría de los adultos pueden darse cuenta de que el asesinato a sangre fría es malo, un niño tiene menos capacidad para tomar esa decisión. Las Reglas Mínimas de las Naciones Unidas para la administración de la justicia de menores ("Reglas de

Beijing") señalan la importancia de reconocer si "los niños pueden hacer honor a los elementos morales y sicológicos de responsabilidad penal; es decir, si puede considerarse al niño, en virtud de su discernimiento y comprensión individuales, responsable de un comportamiento esencialmente antisocial".[354]

La Comisión Interamericana de Derechos Humanos ha pedido a los Gobiernos que tomen "medidas legislativas, judiciales o de otra índole, para identificar, procesar y sancionar a los agentes estatales o personas civiles que ejecuten, autoricen, colaboren o faciliten el reclutamiento de menores o su utilización en conflictos armados". Con respecto a los niños, la Comisión recomienda que los Gobiernos establezcan "políticas, mecanismos e instituciones especiales para la recuperación, reeducación y preparación para reinsertar en la vida social a los niños y adolescentes que hayan participado como miembros de organizaciones armadas, sea estatales o no gubernamentales".[355]

No se hace puede hacer a los niños responsables de las mismas decisiones que los adultos y, por lo tanto, no se les puede castigar como si fueran adultos, incluso cuando sean hallados culpables de crímenes atroces.

Cuando se considere que los niños son responsables penalmente de graves abusos, se deben tener en cuenta las circunstancias de su reclutamiento, la posible coacción y su falta relativa de madurez como factores atenuantes a la hora de dictar sentencia. En dichos casos, la sentencia debe promover la rehabilitación y la recuperación del niño, de acuerdo con lo dispuesto en los artículos 39 y 40 de la Convención sobre los Derechos del Niño y en el artículo 14(4) del PIDCP. Al igual que en todos los casos en los que un niño esté acusado de haber infringido la ley, el Estado debe respetar todas las normas internacionales relativas a la justicia de menores.[356]

El gobierno de Uribe ha declarado su intención de introducir leyes para la creación de un nuevo sistema penal de justicia de menores.[357] Sin embargo, cuando se escribió este informe, no se había introducido ninguna nueva ley o política, a parte de la Ley 782, para fortalecer los derechos de los niños ex combatientes o con el objetivo específico de prevenir el reclutamiento de menores. Como señaló el Alto Comisionado de las Naciones Unidas en su informe de marzo de 2003, "en lo que se refiere al Código del Menor, no se introdujeron en éste las disposiciones que lo hagan compatible con la Convención sobre los Derechos del Niño.".[358]

De hecho, algunas de las políticas introducidas por Uribe para combatir la violencia armada podrían revertir los logros graduales que se han alcanzado en los últimos años. A Human Rights Watch le preocupa especialmente que no se haya especificado la edad mínima para el reclutamiento en el red de informantes civiles establecida por el Gobierno en 2002. El Estatuto de Roma de la Corte Penal Internacional considera un crimen de guerra el uso de niños menores de 15 años para "participar activamente en las hostilidades", que, según la Comisión Preparatoria, incluye las tareas de exploración y espionaje.[359]

Es probable que los niños tentados por las promesas de dinero por alistarse a la guerrilla o las fuerzas paramilitares, se sientan igualmente tentados por la oportunidad de ganar dinero trabajando secretamente para el Gobierno. Hasta ahora, el Gobierno no ha prohibido explícitamente el uso de niños como informantes en su plan para una Red de Cooperación Ciudadana. Es más, los propios niños podrían ser víctimas de acusaciones anónimas y malintencionadas de que pertenecen o colaboran con grupos armados realizadas por informantes cuya identidad mantiene en secreto el programa del Gobierno.

También se puede ver afectada la salvaguardia del derecho del niño a un recurso judicial rápido y efectivo si se aprueba el proyecto de enmienda constitucional sobre la administración de justicia, presentado en octubre de 2002. En este proyecto se pide la exclusión del derecho de amparo y la acción de tutela de los derechos del niño.

Autor: Jaime Pérez Munévar, ganador del Premio Iberoamericano de Comunicación de UNICEF por los Derechos de la Niñez y Adolescencia.

XVI. NORMATIVA LEGAL

Han habido muestras alentadoras de que los países están empezando a tratar el asunto de los niños soldados con la seriedad que merece. El 30 de enero de 2003, tres un día entero de debate sobre los niños y los conflictos armados celebrado el 14 de enero, el Consejo de Seguridad de la ONU adoptó una resolución pidiendo al Secretario General que informara, antes del 31 de octubre, sobre los progresos en el cese del reclutamiento por las partes en conflictos armados que reclutan y utilizan actualmente a niños soldados, en violación de sus obligaciones internacionales. El informe de progreso afecta a todos los países, entre ellos Colombia, mencionados en un informe sobre los niños soldados presentado al Secretario General a finales de 2002. En la resolución, el Consejo de Seguridad declaró su intención de considerar medidas apropiadas si se considera que los progresos han sido insuficientes. Aunque no se especificaron las medidas, se trataba de una indicación prometedora de que los acuerdos del Consejo de Seguridad tendrían poder efectivo y no se quedarían en simples buenas intenciones.[360]

Derecho internacional humanitario

Colombia es parte de los Convenios de Ginebra de 1949 desde 1963 y de su Segundo Protocolo Facultativo desde 1996. El artículo 3 común a los Convenios de Ginebra de 1949 se aplica durante los conflictos armados que no sean de carácter internacional. Prohíbe los atentados contra la vida y la integridad corporal, especialmente el homicidio en todas sus formas, las mutilaciones, los tratos crueles y la tortura; la toma de rehenes; los atentados contra la dignidad personal, especialmente los tratos humillantes y degradantes. El artículo 3 común requiere que las condenas dictadas y las ejecuciones sin previo juicio sean decididas ante un tribunal legítimamente constituido, con garantías judiciales.

Todas las partes en conflicto en Colombia han sido responsables de graves violaciones del artículo 3 común. Los niños combatientes han sido frecuentemente víctimas de dichos abusos, entre los que uno de los especialmente atroces y comunes ha sido la ejecución de menores que habían desobedecido órdenes o desertado. Hasta la fecha, ningún grupo armado irregular ha cesado esta práctica o anunciado su intención de hacerlo.

El Protocolo II es aplicable a todos los conflictos armados que no estén cubiertos por el Protocolo I y cuando las fuerzas enfrentadas en un conflicto interno, bajo la dirección de un mando responsable, ejerzan sobre una parte de dicho territorio un control tal que les permita realizar operaciones militares sostenidas y concertadas y aplicar el Protocolo II, todo lo cual se cumple en el caso de Colombia.[361] No sólo es aplicable a las fuerzas adversarias reconocidas por el Gobierno de Colombia, en particular las FARC-EP y la UC-ELN, sino también a los grupos no reconocidos, tales como los paramilitares.

El Protocolo II dispone garantías fundamentales en las líneas de las contempladas por el artículo 3 común. Además, de acuerdo con el 4(3) (c) del Protocolo II, los niños menores de quince años no serán reclutados en las fuerzas o grupos armados y no se permitirá que participen en las hostilidades.[362]

Todos los grupos armados de Colombia han comentado el Protocolo II. Mientras que, en algunas ocasiones, han demostrado su voluntad de cumplir estos requisitos, en otros momentos, han expresado sus reservas sobre la aplicabilidad de varias de sus prohibiciones, entre ellas la del reclutamiento de niños, a la guerra irregular colombiana. En segundo lugar, han condicionado su propia aplicación de estas normas a la negociación de concesiones por las demás partes, una posición no autorizada por el derecho internacional humanitario, cuyo cumplimiento no es discrecional.

Derecho de derechos humanos

Al abordar el problema de los niños combatientes, el Gobierno de Colombia tiene que acatar el derecho internacional de derechos humanos, además del derecho internacional humanitario. De acuerdo con la Constitución de Colombia de 1991, los tratados y convenios internacionales ratificados por el Congreso, que reconocen los derechos humanos y que prohíben su limitación en los estados de excepción, prevalecen en el orden interno.[363] El artículo 38 de la Convención sobre los Derechos del Niño, ratificado por Colombia en 1991, establece la norma básica sobre el reclutamiento de niños en las fuerzas armadas:

> Los Estados Partes adoptarán todas las medidas posibles para asegurar que las personas que aún no hayan cumplido los 15 años de edad no participen directamente en las hostilidades.
>
> Los Estados Partes se abstendrán de reclutar en las fuerzas armadas a las personas que no hayan cumplido los 15 años de edad. Si reclutan personas que hayan cumplido 15 años, pero que sean menores de 18, los Estados Partes procurarán dar prioridad a los de más edad.[364]

El hecho de que el artículo 38 utilice la edad mínima de 15 años es una anomalía; ya que, en los demás aspectos, la Convención define a un niño como toda persona menor de 18 años. La Convención declara que ninguna de sus disposiciones afectará a las leyes que sean más conducentes a la realización de los derechos del niño. Dado que la legislación nacional de Colombia prohíbe el reclutamiento de menores de 18 años, dicha norma prevalece.

Desde la adopción de la Convención de los Derechos del Niño en 1989, se han aprobado otras normas internacionales que refuerzan las salvaguardias para los niños afectados por los conflictos armados. Estas normas son un reflejo del creciente consenso internacional en que los menores de 18 años no deben participar en conflictos armadas-un principio recogido en la propia legislación nacional de Colombia.

El Protocolo facultativo de la Convención sobre los Derechos del Niño relativo a la participación de niños en conflictos armados (en adelante, Protocolo sobre los Niños Soldados), adoptado unánimemente por la Asamblea General de las Naciones Unidas el 25 de mayo de 2000, establece los 18 años como la edad mínima para la participación directa en las hostilidades, el reclutamiento obligatorio o cualquier tipo de reclutamiento o utilización en hostilidades por parte de grupos armados irregulares. En mayo de 2003, 111 países, entre ellos Colombia, lo habían firmado y 52 lo habían ratificado. La ratificación del protocolo por parte del Gobierno de Colombia todavía no ha sido aprobada por el Congreso.

Como signatario del Protocolo sobre los Niños Soldados, Colombia "deberá abstenerse de actos en virtud de los cuales se frustren el objeto y el fin" del tratado.[365] Colombia no sólo tiene que detener el alistamiento de menores de 18 años, sino que también tienen que intentar prohibir su reclutamiento o utilización en las hostilidades por parte de cualquier grupo armado dentro de su territorio nacional. Según el artículo 4(2):

> Los Estados Partes adoptarán todas las medidas posibles para impedir ese reclutamiento y utilización, con inclusión de la adopción de las medidas legales necesarias para prohibir y tipificar esas prácticas.

La obligación de los Estados Partes de proteger a los menores de 18 años en situaciones de conflicto armado también está recogida en el Convenio No. 182 sobre las peores formas de trabajo infantil, ratificado por unanimidad por la Organización Internacional del Trabajo en 1999, y ratificado por Colombia en 2001.[366] El Convenio No. 182 obliga a los Estados Partes a "adoptar medidas inmediatas y eficaces

Normativa Legal

para conseguir la prohibición y la eliminación de las peores formas de trabajo infantil con carácter de urgencia". Considera un niño a toda persona menor de 18 años e incluye en su definición de las peores formas de trabajo infantil:

> Todas las formas de esclavitud o las prácticas análogas a la esclavitud, como la venta y el tráfico de armas, la servidumbre por deudas y la condición de siervo, y el trabajo forzoso u obligatorio, incluido el reclutamiento forzoso u obligatorio de niños para utilizarlos en conflictos armados.[367]

El Convenio No. 182 también exige a los Estados Miembros que adopten "cuantas medidas sean necesarias para garantizar la aplicación y el cumplimiento efectivos de las disposiciones por las que se dé efecto al presente Convenio, incluidos el establecimiento y la aplicación de sanciones penales o, según proceda, de otra índole".[368] La Recomendación No. 190, que acompaña al Convenio, anima a los Estados a tipificar penalmente el reclutamiento de menores de 18 años.[369]

Aunque el Convenio sobre las peores formas de trabajo infantil sólo hace referencia a los niños reclutados forzosamente, Human Rights Watch la considera aplicable a todos los niños combatientes de Colombia, no sólo a las víctimas del reclutamiento forzoso. Incluso cuando el reclutamiento es voluntario, los niños no tienen libertad para abandonar los grupos armados sin exponerse a duras represalias, incluida la ejecución.

El Gobierno también puede considerarse responsable, por omisión, si no adopta las medidas adecuadas para prevenir la violación por parte de actores no-estatales de otros derechos contemplados por la Convención sobre los Derechos del Niño. Entre ellos:

> El derecho del niño a estar protegido contra la explotación económica y contra el desempeño de cualquier trabajo que pueda ser peligroso o entorpecer su educación, o que sea nocivo para su salud o para su desarrollo físico, mental, espiritual, moral o social;[370]

Proteger al niño contra toda forma de perjuicio o abuso físico o mental, descuido o trato negligente, malos tratos o explotación;[371]

El derecho del niño a no ser separado de sus padres contra la voluntad de éstos.[372]

Para cumplir la Convención, el Estado no sólo tiene que contar con leyes en vigor que sancionen penalmente el reclutamiento militar de niños con penas proporcionales a su gravedad, también tiene que aplicarlas activamente hasta el límite de su capacidad.

El Estatuto de Roma de la Corte Penal Internacional, ratificado por Colombia el 5 de agosto de 2002, ofrece un recurso alternativo cuando un Estado Parte no puede o no quiere administrar justicia a los responsables de crímenes de guerra o crímenes contra la humanidad. El Estatuto considera explícitamente que "reclutar o alistar niños menores de 15 años en las fuerzas armadas o grupos o utilizarlos para participar activamente en hostilidades" constituye un crimen de guerra bajo su jurisdicción.[373] Dichos crímenes cometidos por un miembro de cualquier grupo armado dentro de su territorio nacional corresponden a la jurisdicción de la Corte. Lamentablemente, en el momento de la ratificación, Colombia introdujo una declaración en virtud del artículo 124 del Estatuto, una disposición provisional que permite a los Estados Partes aplazar la jurisdicción del Corte durante un plazo de siete años para los crímenes recogidos en el artículo 8. A no ser que Colombia retire la declaración, esta exención podría hacer imposible, hasta agosto de 2009, que la CPI juzgue a los responsables del reclutamiento de niños, cuando el Gobierno no haya cumplido su deber de enjuiciarles.

El Estatuto también introduce otras medidas importantes para proteger a los niños en los conflictos armados: considera crímenes de guerra los ataques intencionados contra instituciones educativas, dispone mecanismos especiales para los niños víctimas o testigos, y exime a los menores de 18 años de responsabilidad ante la Corte.

La obligación del Estado de proteger y promover el bienestar las víctimas infantiles de los conflictos armados se deriva de su obligación general de proteger a los niños como uno de los sectores más vulnerables de la sociedad, de conformidad con el artículo 39 de la Convención sobre los Derechos del Niño:

> Los Estados Partes adoptarán todas las medidas apropiadas para promover la recuperación física y psicológica y la reintegración social de todo niño víctima de: cualquier forma de abandono, explotación o abuso; tortura u otra forma de tratos o penas crueles, inhumanos o degradantes; o conflictos armados. Esa recuperación y reintegración se llevarán a cabo en un ambiente que fomente la salud, el respeto de sí mismo y la dignidad del niño.

Además, el artículo 6(3) del Protocolo sobre los Niños Soldados dispone:

> Los Estados Partes adoptarán todas las medidas posibles para que las personas que estén bajo su jurisdicción y hayan sido reclutadas o utilizadas en hostilidades en contradicción con el presente Protocolo sean desmovilizadas o separadas del servicio de otro modo. De ser necesario, los Estados Partes prestarán a esas personas toda la asistencia conveniente para su recuperación física y psicológica y su reintegración social.

El artículo 7(1) exige a los Estados Partes que:

> Cooperen en la aplicación del presente Protocolo, en particular en la prevención de cualquier actividad contraria al mismo y la rehabilitación y reintegración social de las personas que sean víctimas de actos contrarios al presente Protocolo, entre otras cosas mediante la cooperación técnica y la asistencia financiera. Esa asistencia y esa cooperación se llevarán a cabo en consulta con los Estados Partes afectados y las organizaciones internacionales pertinentes.

El Consejo de Seguridad de la ONU ha instado a los Estados a que dediquen especiales esfuerzos a prestar la atención más completa posible a los niños en los conflictos armados.[374]

NOTAS

III. Niños Combatientes en Colombia

[1] Entrevista de Human Rights Watch a "Ángela", Bogotá, 2 de junio de 2002. "Ángela" y "Juanita" no son sus nombres reales. Todos los nombres de los niños que aparecen en este informe, al igual que el de las personas a las que hacen referencia en las entrevistas, han sido cambiados por la seguridad de los niños involucrados.

[2] Carlos Medina Gallego, *Autodefensas, Paramilitares y Narcotráfico en Colombia*. Santafé de Bogotá: Documentos Periodísticos, 1990.

[3] Entrevista de Human Rights Watch a Carlos Castaño, 9 de julio de 1996, citada en Human Rights Watch, *Guerra sin cuartel: Colombia y el Derecho Internacional Humanitario* (New York: Human Rights Watch, octubre de 1998), p. 102. El informe está disponible online en http://www.hrw.org/spanish/informes/1998/guerra.html.

[4] De acuerdo con la Convención sobre los Derechos del Niño, este informe define a un niño como "todo ser humano menor de dieciocho años de edad, salvo que, en virtud de la ley que le sea aplicable, haya alcanzado antes la mayoría de edad". CDN, artículo 1, G.A. Res. 44/25, U.N. Doc. A/RES/44/25 (adoptada el 20 de noviembre de 1989, entrada en vigor el 2 de septiembre de 1990).

[5] El grupo más identificado con el reclutamiento de jóvenes – aunque no niños – fue el Movimiento 19 de Abril (M-19). Para un estudio sobre el M-19, véase Vera Grabe, *Razones de vida* (Santafé de Bogotá: Planeta, 2000).

[6] Defensoría del Pueblo, "El Conflicto Armado en Colombia y los menores de edad", Boletín No. 2, Santafé de Bogotá, mayo de 1996.

[7] Defensoría del Pueblo, "Informe Sobre los Derechos Humanos de la Niñez en Colombia durante el año 2001", p. 2 [online], http://www.defensoria.org.co/espanol/informes/pdfs/informe_5.pdf (consultado el 27 de mayo de 2003).

[8] Defensoría del Pueblo, "La Niñez y sus Derechos", Boletín No. 8, 2002, p. 3 [online], http://www.defensoria.org.co/espanol/informes/pdfs/informe_9.pdf (consultado el 27 de mayo de 2003).

[9] Rafael Orduz Medina, "**Evitar la vinculación de niños, niñas y jóvenes a la guerra: una prioridad de todos**", citado en Simposium I, "Niñez y Conflicto Armado en Colombia", 24 de agosto de 2000 [online] http://www.derechoshumanos.gov.co/observatorio/04_publicaciones/04_02_temas/04_02_indicetemas.htm# (consultado el 5 de junio de 2003).

10 En otros informes sobre niños en conflictos armados, Human Rights Watch ha utilizado el término "niños soldados" para referirse tanto a los menores que sirven las fuerzas armadas del Estado como en las fuerzas opuestas al Gobierno. Sin embargo, para evitar confusiones, utilizamos el término "niños combatientes" en este informe, ya que el término "soldado" sólo se utiliza en Colombia en referencia a las fuerzas gubernamentales. Los combatientes, de acuerdo con nuestro uso, incluye tanto a los que participan directamente en la lucha armada como a los que apoyan las acciones de combate.

11 De los 112 niños entrevistados por Human Rights Watch, uno había pertenecido a un grupo insurgente menor conocido como el Ejército Revolucionario del Pueblo (ERP), y otro no nos dio el nombre del grupo al que había pertenecido. Un pequeño número de los niños había pertenecido a más de un grupo. Además, tres de los niños que entrevistamos, a los que no incluimos entre los 112, se negaron a hablar en detalle sobre su pasado o nos dieron información cuestionable que después fue desmentida por otros ex combatientes. En el apéndice se incluye un registro completo de las entrevistas.

12 La lógica empleada para obtener las estimaciones de los tres grupos irregulares se explica más adelante en el informe.

13 Por ejemplo, la Defensoría del Pueblo calcula que hay al menos 6.000 niños combatientes en Colombia. "En Colombia, 6.000 menores hacen parte de los grupos armadas", El Colombiano, 26 de septiembre de 2002 [online], http://www.elcolombiano.com/martes/ndh001.asp (consultado el 26 de septiembre de 2002). El ICBF hace un cálculo ligeramente superior de 7.000 niños combatientes. Sin embargo, ni la Defensoría ni el ICBF incluyen a los milicianos urbanos en sus estimaciones (comunicación por e-mail de Julián Aguirre, Coordinador del Programa de Atención a Víctimas de la Violencia del ICBF, 12 de mayo de 2003). Los grupos que tratan con niños combatientes en Colombia aceptan generalmente como correcta la estimación de un tercio. La inclusión de las milicias acercaría el cálculo del ICBF a la cifra de 11.000 estimada por Human Rights Watch. La oficina en Colombia del Alto Comisionado de las Naciones Unidas para los Derechos Humanos (ACNUDH) hace un cálculo superior al de Human Rights Watch: 14.000 niños combatientes, de los cuales 7.000 pertenecen a fuerzas regulares y 7.000 a las milicias urbanas. La Oficina del ACNUDH constató un aumento del reclutamiento de niños en las milicias urbanas, como consecuencia de la intensificación del conflicto en las ciudades colombianas en 2002. Véase Informe Anual del Alto Comisionado sobre Derechos Humanos en Colombia, 24 de febrero de 2003, Doc. E/CN.4/2003/13. Disponible en http://www.hchr.org.co/documentoseinformes/informes/altocomisionado/informe2002.html (consultado el 19 de mayo de 2003).

14 A juzgar por el testimonio de los niños, el reclutamiento de menores continúa practicándose actualmente, ya que la mayoría de estos niños se incorporaron a la guerrilla o las fuerzas paramilitares entre 1998 y 2002. Es más, nuestra conclusión sobre el alto número de jóvenes combatientes se ve confirmada por un estudio realizado por la Defensoría del Pueblo. En ese estudio, basado en una muestra de 86 niños ex combatientes, se hallan proporciones similares (61 por cien-

to). Bernardo Bejarano González, "Se disparan deserciones en guerrilla", *El Tiempo*, 26 de agosto de 2002.
15 Entrevista de Human Rights Watch a "Bernardo", Bucaramanga, 7 de junio de 2002.
16 Ley de Autorización de Relaciones Exteriores (Foreign Relations Authorization Act), Año Fiscal 2003 (Public Law 107-228).
17 Departamento de Estado de Estados Unidos, Informes por países sobre las prácticas en materia de derechos humanos en 2002 (Country Reports on Human Rights Practices for 2002), capítulo sobre Colombia, 31 de marzo de 2003 [online], http://www.state.gov/g/drl/rls/hrrpt/18325.htm (consultado el 1 de mayo de 2003).
18 Para un desglose de las cantidades, véase Colombia Project, "U.S. Aid to Colombia Since 1997: Summary Tables", Center for International Policy [online], http://www.ciponline.org/colombia/aidtable.htm (consultado el 7 de mayo de 2003).
19 Agencia Internacional para el Desarrollo de Estados Unidos, "Colombia $119.5 million for Economic, Social and Institutional Development" [online], http://www.usaid.gov/press/releases/2001/fs010330.html (consultado el 7 de mayo de 2003).
20 Agencia Internacional para el Desarrollo de Estados Unidos, "Latin America and the Caribbean Overview, FY 2004 Congressional Budget Justification" [online], http://www.usaid.gov/country/lac/colombia.pdf (consultado el 7 de mayo de 2003).
21 Departamento de Estado de Estados Unidos, Informes por países sobre las prácticas en materia de derechos humanos en 2002 (Country Reports on Human Rights Practices for 2002), capítulo sobre Colombia, 31 de marzo de 2003.
22 Human Rights Watch, *Guerra sin cuartel*, p. 131.
23 Mensaje de e-mail de Stewart Tuttle, Sección Política, Embajada de Estados Unidos en Bogotá, 9 de mayo de 2003; y "Pastrana queda en deuda con el país, según balance de expertos", *El Tiempo*, 4 de agosto de 2002.
24 http://www.contrast.org/mirrors/FARC-EP/Entrevistas/Entrevista_manuel_marulanda.htm (consultado el 15 de octubre de 2000).
25 Human Rights Watch, *Guerra sin cuartel*, pp. 131-91.
26 Además de Marulanda, los miembros del Secretariado General son Timoleón "Timochenko" Jiménez, Raúl Reyes, Iván Márquez, Alfonso Cano, Efraín Guzmán, y Jorge Briceño Suárez, alias "Mono Jojoy". A excepción de Suárez, todos usan "nombres de guerra". Se puede obtener una lista en http://www.farcep.org/documentos/pleno/ (consultado el 1 de mayo de 2003).
27 Para una historia de los primeros años de las FARC-EP, véase Arturo Alape, *Las Vidas de Pedro Antonio Marín Manuel Marulanda Vélez Tirofijo* (Santafé de Bogotá: Planeta, 1989).
28 "Condena a 'Tirofijo' por menores", *El Tiempo*, 4 de junio de 2003.
29 Banco de Datos, Cifras de la Violencia 2002 [online], http://www.nocheyniebla.org/26/pdf/cifras02.pdf (consultado el 1 de mayo de 2003).
30 Véase Human Rights Watch, "Colombia: FARC responsable por atrocidades", 8 de marzo de 2002. Para más información sobre el uso de bombas de cilindros de gas por parte de las FARC-EP, véase Human Rights Watch, "Mas allá de la

negociación: El derecho internacional humanitario y su aplicación a la conducta de las FARC-EP", Vol. 13, No. 3 (B), agosto de 2001. El informe está disponible online en http://www.hrw.org/spanish/informes/2001/farc.html.

[31] Para obtener más información sobre la Zona y las preocupaciones en materia de derechos humanos, véase Human Rights Watch, "Más allá de la negociación."

[32] En las designaciones de unidades empleadas por las FARC-EP, un bloque es una alianza de frentes que operan en una región definida del país. Una de las unidades más numerosas y activas de las FARC-EP es el Bloque Sur, que opera en el sur del país. Cada bloque corresponde más o menos a una división del ejército. Un frente corresponde aproximadamente a una brigada del ejército y puede contra con cientos de combatientes.

[33] Human Rights Watch, *Guerra sin cuartel*, pp. 161-84.

[34] Bautista es uno de los miembros originales de la UC-ELN. La UC-ELN mantiene una página Web con entrevistas a sus líderes en http://www.eln-voces.com/ (consultado el 1 de mayo de 2003).

[35] En áreas como el departamento de Arauca, por ejemplo, que antes era un bastión del grupo, las unidades de la UC-ELN han sido absorbidas o se han aliado con las fuerzas más poderosas de las FARC-EP. "La reconquista de Arauca", *Semana*, 1 de febrero de 2003 [online], http://www.semana.com/archivo/articulosView.jsp?id=67913 (consultado el 6 de mayo de 2003).

[36] Departamento de Estado de Estados Unidos, Informes por países sobre las prácticas en materia de derechos humanos en 2002 (Country Reports on Human Rights Practices for 2002), capítulo sobre Colombia, 31 de marzo de 2003.

[37] Liam Craig Best, "An interview with ELN commander Antonio García", Information Network of the Americas, Colombia Report, 27 de agosto de 2000, http://www.colombiareport.org/colombia25.htm (consultado el 5 de septiembre de 2002).

[38] Ibid.

[39] Banco de Datos, Cifras de la Violencia 2002, http://www.nocheyniebla.org/26/pdf/cifras02.pdf (consultado el 1 de mayo de 2003).

[40] Incluyen a las Autodefensas Campesinas de Córdoba y Urabá (ACCU), el grupo más numeroso y conocido; las Autodefensas de la Sierra, basado en la costa norte, las Autodefensas del Sur del César, las Autodefensas del Tolima, las Autodefensas de Puerto Boyacá, las Autodefensas de Ramón Isaza, en la región del Magdalena Medio, y las Autodefensas de Cundinamarca. Las ACCU están subdivididas en 17 frentes y bloques con unidades en el sur de Colombia, Bogotá, Antioquia, Casanare, y la costa del Pacífico. Las AUC mantienen un sitio Web en http://colombia-libre.org/colombialibre/pp.asp (consultado el 1 de mayo de 2003).

[41] Aunque los paramilitares usan la misma denominación de bloques y frentes que la guerrilla, estas unidades cuentan con muchos menos combatientes. "Disidencia de los paramilitares acusa a Carlos Castaño de haber permitido los vínculos con el narcotráfico", *El Tiempo*, 30 de septiembre de 2003.

[42] Entrevista con Salvatore Mancuso, *Newsweek*, reproducida en el sitio Web oficial de las AUC, http://colombia-libre.org/colombialibre/pp.asp (consultado el

20 de octubre de 2002).

[43] Puede obtenerse información sobre las unidades de las AUC y su localización geográfica en http://colombia-libre.org/colombialibre/organigrama.asp (consultado el 6 de mayo de 2003).

[44] Para leer una historia de las ACCU, véase Mauricio Aranguren Molina, *Mi Confesión: Carlos Castaño revela sus secretos* (Santafé de Bogotá: Editorial Oveja Negra, 2001).

[45] Human Rights Watch, *Guerra sin cuartel*, pp. 100-31.

[46] Véase específicamente Human Rights Watch, *La "Sexta División": Relaciones militares-paramilitares y la política estadounidense en Colombia* (New York: Human Rights Watch, 2001) [online], http://www.hrw.org/spanish/informes/2001/sexta_division.html; y *Los lazos que unen: Colombia y las relaciones militares-paramilitares* (New York: Human Rights Watch, 2000) [online], http://www.hrw.org/spanish/informes/2000/colombia_lazos.html.

[47] En un informe de 2002, Human Rights Watch demostró cómo el Fiscal General nombrado en julio de 2001, Luis Camilo Osorio, ha debilitado las investigaciones de estos abusos y ha revertido muchos de los avances alcanzados por sus predecesores. Human Rights Watch, "Un giro erróneo: La actuación de la Fiscalía General de la Nación", Vol. 14, No. 2 (B), noviembre de 2002. El informe está disponible online en http://www.hrw.org/spanish/informes/2002/giro_erroneo.html.

[48] Banco de Datos, http://www.nocheyniebla.org/26/pdf/cifras02.pdf (consultado el 1 de mayo de 2003).

[49] Entrevista de Human Rights Watch a Carlos Castaño, 9 de julio de 1996; y con analista de inteligencia del Gobierno de Colombia, Bogotá, 2 de diciembre de 1997.

[50] Entrevista con Carlos Castaño, 5 de septiembre de 2002 [online], http://colombia-libre.org/colombialibre/comunicados.asp?offset=30&id=615 (consultado el 1 de mayo de 2003).

[51] Informe del Alto Comisionado de las Naciones Unidas para los Derechos Humanos sobre la Situación de los Derechos Humanos en Colombia, Comisión de Derechos Humanos, 57ª sesión, 20 de marzo de 2001, 6:110

[52] En abril de 2003, el grupo, que afirma contar con una fuerza de 3.500 combatientes, anunció una ruptura con las AUC en relación con las conversaciones con el Gobierno, aunque su situación de aliado no quedó clara. Informe del Alto Comisionado de las Naciones Unidas para los Derechos Humanos sobre la Situación de los Derechos Humanos en Colombia, Comisión de Derechos Humanos, 58ª sesión, 28 de febrero de 2002, 6:172; 7:B:208; y "Autodefensas del Casanare afirman que silencio del Gobierno indica rompimiento unilateral de acercamientos, *El Tiempo*, 20 de abril de 2003 [online], http://eltiempo.terra.com.co/coar/noticias/ARTICULO-WEB-NOTA_INTERIOR-1063314.html (consultado el 21 de abril de 2003).

[53] La designación vence automáticamente después de dos años, a no ser que se vuelva a designar al grupo. Véase Departamento de Estado de Estados Unidos, "Fact Sheet: Foreign Terrorist Organizations", 23 de mayo de 2003 [online], http://

www.state.gov/s/ct/rls/fs/2003/12389.htm (consultado el 10 de junio de 2003).

[54] Las tres personas acusadas formalmente son Castaño, el jefe de las ACCU Salvatore Mancuso y Juan Carlos Sierra Ramírez. El Departamento de Justicia de Estados Unidos acusó a los tres de importar más de siete toneladas de cocaína a Estados Unidos y Europa desde 1997. Según el auto de procesamiento, Carlos Castaño dirigía la producción de cocaína y las actividades de distribución en las regiones de Colombia controladas por las AUC, lo que incluía la protección de los laboratorios de procesamiento de coca, el establecimiento de controles de calidad y del precio de la cocaína y la organización y protección de envíos de cocaína tanto dentro como fuera del país. Departamento de Justicia de Estados Unidos, "Attorney General remarks on indictment in AUC drug trafficking case", 24 de septiembre de 2002.

[55] Scott Wilson, "Cocaine Trade Causes Rifts in Colombian War", *Washington Post*, 17 de septiembre de 2002.

[56] Aranguren, *Mi Confesión: Carlos Castaño revela sus secretos*, pp. 205-19.

[57] "'Cumbre' de 2.000 paramilitares reunificó a las Autodefensas Unidas de Colombia (Auc)", *El Tiempo*, 7 de septiembre de 2002.

[58] Cecilia Orozco, "No soy un trofeo de Guerra", entrevista con Carlos Castaño, 5 de septiembre de 2002 [online], http://colombialibre.org/colombialibre/comunicados.asp?offset=10&id=899 (consultado el 8 de diciembre de 2002).

[59] Carta de Carlos Castaño al Presidente Álvaro Uribe, 29 de noviembre de 2002; y "Autodefensas de Colombia silencian sus fusiles con miras a la paz", *El Colombiano*, 1 de diciembre de 2002 [online], http://colombia-libre.org/colombialibre/guerraypaz.asp?offset=300&id=1467 (consultado el 2 de mayo de 2002).

[60] En una declaración conjunta publicada en el sitio Web del BCB, estos dos bloques alegaron que habían realizado un censo que cifraba a sus combatientes en 5.670. Declaraban categóricamente que los dos bloques no tenían niños en sus filas y que los casos excepcionales se pondrían a disposición del ICBF o de la Defensoría del Pueblo. http://www.bloquecentralbolivar.org/bcb-esp/detalle.asp?tipo=Editorial&Id=398, declaración sin fecha, (consultado el 7 de diciembre de 2002).

[61] "Bloque Central Bolívar de los paramilitares entregó a Bienestar Familiar a 40 combatientes menores de edad", *El Tiempo*, 12 de junio de 2003 [online] http://eltiempo.terra.com.co/coar/noticias/ARTICULO-WEB-NOTA_INTERIOR-1126241 (consultado el 12 de junio de 2003).

[62] "'Paras' del Meta suspenden contactos con el Gobierno", El Tiempo, 7 de junio del 2003 [online], http://eltiempo.terra.com.co/hist_imp/HISTORICO_IMPRESO/NACION_HISTORICO/2003-06-07/ARTICULO-WEB-NOTA_INTERIOR_HIST-1119938.html (consultado el 7 de junio del 2003).

[63] "Muertos en combate doce terroristas de las autodefensas ilegales", Agencia de Noticias del Ejército Nacional de Colombia, 6 de junio del 2003; y "COMUNICADO DE LA OFICINA DEL ALTO COMISIONADO PARA LA PAZ", 6 de junio de 2003 [online], http://www.ejercito.mil.co/detalleResultado.asp?numDocumento=3215 (consultado el 9 de junio de 2003).

[64] "Autodefensas de Meta y Vichada reanudarían contactos con el Gobierno Nacional", *El Tiempo*, 10 de junio de 2003 [online], http://eltiempo.terra.com.co/coar/noticias/ARTICULO-WEB-NOTA_INTERIOR-1123091.html (consultado el 10 de junio de 2003).
[65] Entrevista de Human Rights Watch a "Uriel", Bogotá, 31 de mayo de 2002.
[66] Entrevista de Human Rights Watch a "Óscar", Medellín, 5 de junio de 2002.
[67] Entrevista de Human Rights Watch a "Leonel", Bogotá, 1 de junio de 2002.

IV. RECLUTAMIENTO: REGLAS Y PRÁCTICA

[68] Mensaje de e-mail de un pastor protestante, Puerto Guzmán, Putumayo, 27 de agosto de 2002. No mencionamos su nombre por razones de seguridad.
[69] Comisión Internacional, "Comunicado de las FARC-EP," 8 de junio de 1999.
[70] "Special Representative of the Secretary-General For Children and Armed Conflict concludes Humanitarian Mission to Colombia," comunicado de prensa de las Naciones Unidas, 8 de junio de 1999.
[71] La Defensoría del Pueblo, el ICBF, el UNICEF y prestigiosas ONG de derechos humanos y humanitarias de Colombia han aportado abundantes pruebas de que las FARC-EP siguen incumpliendo la edad mínima de reclutamiento establecida por ellos mismos.
[72] Dick Emanualson, "Interview with Olga, comandante guerrillera de las Fuerzas Armadas Revolucionarias de Colombia, Ejército del Pueblo (FARC-EP)," *Rebelión*, 14 de octubre de 1996.
[73] Fuente anónima citada por UNICEF-Colombia, "El Dolor Oculto de la Infancia," Santafé de Bogotá, mayo de 1999.
[74] Entrevistas de Human Rights Watch en San Vicente del Caguán, Caquetá, 2-3 de junio de 2000.
[75] Ibíd.; "Volvimos a ser niños," *Cambio*, 1 de febrero de 2001.
[76] Andres Cala, "Trading in rifles for schoolbooks," *The Gazette* [Montreal], 8 de marzo de 2001.
[77] Human Rights Watch, "Más allá de la negociación: El Derecho Internacional Humanitario y su aplicación a la conducta de las FARC-EP," p. 8.
[78] Ibíd.
[79] Entrevista de Human Rights Watch en Bogotá, 2 de junio de 2002.
[80] Michael Easterbrook, "What are we fighting for? Colombia's civil war puts children on the front lines", *Salon* [online], http://www.salon.com (consultado el 13 de enero de 2001).
[81] Karl Penhaul, "Colombia's force of child warriors," *Boston Globe*, 4 de marzo de 2001.
[82] "Entre 6,000 y 8,000 menores integran grupos armados ilegales (Ejército)," *El Colombiano*, 31 de octubre de 2002.
[83] "Crisis humanitaria en el sur de Colombia por luchas entre FARC-EP y autodefensas," *El Colombiano*, 2 de agosto de 2002.

84 "Denuncian bloqueos y reclutamientos en Chocó," *El Colombiano,* 9 de octubre de 2002.
85 En documentos anteriores, la edad mínima se establecía en los 15 años: "Los Niños en el Conflicto Político Social y Armado en Colombia", documento no firmado enviado por Galán y Torres a la Directora del ICBF, Adelina Covo, en julio de 1996, facilitado por el ICBF a Human Rights Watch en junio de 2002.
86 Al igual que en las FARC-EP, los comandantes de la UC-ELN como Galán y Torres utilizan "nombres de guerra" para identificarse.
87 "Los Niños en el Conflicto Político Social y Armado en Colombia", documento no firmado enviado por Galán y Torres a la Directora del ICBF, Adelina Covo, en julio de 1996, facilitado por el ICBF a Human Rights Watch en junio de 2002.
88 Ibíd.
89 Ibíd.
90 El ataque y la liberación de los niños se describe en Human Rights Watch, *Guerra sin cuartel*, pp. 214-15.
91 El 18 de octubre de 1998, los milicianos de la UC-ELN hicieron explotar un oleoducto cerca de Machuca, Antioquia. Según las investigaciones oficiales, el derramamiento de petróleo y gases producto de la explosión tardó seis minutos en caer por una pendiente, cruzar el río Pocuné y llegar a la población en la otra orilla. Allí, muchos residentes dependían de las llamas para iluminarse y cocinar. La combinación prendió e incendió 64 hogares donde dormían varias familias. El incendio se saldó con 73 personas muertas, entre ellas 36 niños y otras 64 personas gravemente heridas. Semanas después del derramamiento, la UC-ELN admitió su responsabilidad por medio de una entrevista con Bautista, que afirmó, sin ofrecer pruebas, que la UC-ELN había investigado el caso y "castigado" a los responsables. Sin embargo, varios meses después, el líder de la UC-ELN Antonio García señaló que era suficiente con "reconocer" el error e insistir en que las unidades tuvieran más cuidado. Human Rights Watch, *Informe Anual 1999* (New York: Human Rights Watch 1999) [online], http://www.hrw.org/wr2k/americas-03.htm (consultado el 1 de mayo de 2003).
92 "Estatuto de Constitución y Régimen Disciplinario," disponible en el sitio Web de las AUC en http://colombia-libre.org/colombialibre/estatutos.asp (consultado el 6 de diciembre de 2002).
93 El Alto Comisionado de las Naciones Unidas para los Derechos Humanos informó en febrero de 2002 que "los diferentes grupos de guerrilla y de paramilitares continuaron incorporando a menores de 18 años en sus filas". Entrevista de Human Rights Watch en Bucaramanga, 7 de junio de 2002; e Informe del Alto Comisionado de las Naciones Unidas para los Derechos Humanos sobre la situación de los derechos humanos en Colombia, 44. Disponible en http://www.hchr.org.co/documentoseinformes/informes/altocomisionado/informe2002.html (consultado el 19 de mayo de 2003).
94 Véase Steven Ambrus, "Taking aim at the city," Newsweek, 18 de febrero de 2002, que contiene un vivo relato de los avances paramilitares en Medellín y otras ciudades.
95 Entrevista de Human Rights Watch con "Bernardo," Bucaramanga, 7 de junio de 2002.

V. Incorporación a las Filas

96 Entrevista de Human Rights Watch con "Wilson", Bucaramanga, 8 de junio de 2002.
97 Entrevista de Human Rights Watch con "Adolfo", Bogotá, 10 de junio de 2002.
98 Otros dos niños nos dijeron que les presionaron para que se unieran, 90 dijeron que se incorporaron voluntariamente y el resto no facilitó información sobre este asunto. Véase también E. Miguel Álvarez-Correa y Julián Aguirre, *Guerreros sin sombra: Niños y jóvenes desvinculados al conflicto armado*, Procuraduría General de la Nación e Instituto Colombiano de Bienestar Familiar, Bogotá, 2001 (inédito). Este estudio general ofrece resultados similares (78 por ciento voluntarios, 10 por ciento forzados).
99 En su informe histórico, *Repercusiones de los conflictos armados sobre los niños*, la Representante Especial del Secretario General de las Naciones Unidas sobre los conflictos armados y los niños, Graça Machel, señaló: "Además de ser reclutados por la fuerza, los jóvenes también se presentan al servicio militar. Sin embargo, es un error pensar que lo hacen voluntariamente. Si bien los jóvenes aparentemente han elegido el servicio militar, no es una elección que han ejercido libremente. Tal vez lo hagan impulsados por una de varias fuerzas, que pueden ser presiones culturales, sociales, económicas o políticas". Informe de la Experta del Secretario General en cumplimiento de la Resolución 48/157 de la Asamblea General, A/ 51/306, 26 de agosto de 1996, para. 38.
100 Según la Defensoría del Pueblo, casi la mitad de una muestra de 86 niños ex combatientes entrevistados habían sido maltratados por sus padres. El 40 por ciento habían abandonado la escuela en el tercer grado. El 15 por ciento habían trabajado en el procesamiento de la coca. Boletín No. 8, *La Niñez y sus Derechos: Caracterización Psicosocial de Niños, Niñas y Adolescentes Desvinculados del Conflicto Armado*, 2002, pp. 1-10.
101 Entrevista de Human Rights Watch con "Osvaldo", Bogotá, 30 de mayo de 2002.
102 Entrevista de Human Rights Watch con "Diego", Bogotá, 3 de junio de 2002.
103 Entrevista de Human Rights Watch con "Peter", Bogotá, 2 de junio de 2002.
104 Entrevista de Human Rights Watch con "Betty", Medellín, 6 de junio de 2002.
105 Entrevista de Human Rights Watch con "Humberto", Bogotá, 4 de junio de 2002.
106 Entrevista de Human Rights Watch con "Saúl", Bogotá, 31 de mayo de 2002.
107 Entrevista de Human Rights Watch con "Jorge", Medellín, 5 de junio de 2002.
108 Entrevista de Human Rights Watch con "Pedro", Bogotá, 31 de mayo de 2002.
109 Entrevista de Human Rights Watch con "Severo", Bucaramanga, 8 de junio de 2002.
110 Entrevista de Human Rights Watch con "Carolina", Bucaramanga, 7 de junio de 2002.
111 Entrevista de Human Rights Watch con "Marilín", Medellín, 5 de junio de 2002.
112 Entrevista de Human Rights Watch con "Joseph", Medellín, 5 de junio de 2002.
113 Entrevista de Human Rights Watch con "Ramiro", Bucaramanga, 7 de junio de 2002
114 Liam Craig Best, "Interview with Antonio García", http://

www.colombiareport.org/colombia25.htm (consultado el 5 de septiembre de 2002).
[115] Entrevista de Human Rights Watch con "Giovanni", Medellín, 5 de junio de 2002.
[116] Entrevista de Human Rights Watch con "Édgar", Medellín, 5 de junio de 2002.
[117] Entrevista de Human Rights Watch con "Leonel", Bogotá, 1 de junio de 2002.
[118] Entrevista de Human Rights Watch con "Adolfo", Bogotá, 10 de junio de 2002.
[119] Entrevista de Human Rights Watch con "Óscar", Bogotá, 1 de junio de 2002.
[120] Entrevistas de Human Rights Watch con "Jesús" y "Rigoberto", 1 de junio de 2002 y 10 de junio de 2002.
[121] Entrevista de Human Rights Watch con "Laidy", Bogotá, 31 de mayo de 2002.
[122] Entrevista de Human Rights Watch con "Uriel", Bogotá, 31 de mayo de 2002.
[123] El Instituto Colombiano de Bienestar Familiar señaló, sin embargo, que la proporción de reclutas forzosos era particularmente elevada en las áreas controladas por las FARC-EP. *Guerreros sin Sombra*, p. 72.
[124] Entrevista de Human Rights Watch con "Jenny", Bogotá, 1 de junio de 2002.
[125] Entrevista de Human Rights Watch con "Jhony", Bogotá, 30 de mayo de 2002
[126] Entrevista de Human Rights Watch con "Xaviera", Bogotá, 30 de mayo de 2002.
[127] Entrevista de Human Rights Watch con "Soria", Bogotá, 30 de mayo de 2002.
[128] Entrevista de Human Rights Watch con "Margarita", Bogotá, 30 de mayo de 2002.
[129] Entrevista de Human Rights Watch con "Gilberto", Bogotá, 30 de mayo de 2002.
[130] Unos 15.000 sicuanis y gauhibos viven en los departamentos de Casanare, Meta, Vichada y Guaviare, y forman parte de los cerca de un millón de indígenas colombianos, según el ultimo censo publicado por el Departamento Nacional de Planeación de Colombia. Véase http://www.dnp.gov.co/ArchivosWeb/Direccion_Desarrollo_Territorial/divers_etnica/indigenas/doc_interes/Pueblos_Indigenas/Capitulo_1.pdf (consultado el 27 de mayo de 2003).
[131] Entrevista de Human Rights Watch con "Juan José", Bogotá, 31 de mayo de 2002.
[132] Entrevista de Human Rights Watch con "Johana", Bogotá, 31 de mayo de 2002.
[133] Entrevista de Human Rights Watch con "Arlette", Bogotá, 1 de junio de 2002.
[134] Entrevista de Human Rights Watch con "Ángela", Bogotá, 2 de junio de 2002.

VI. LA VIDA EN LAS FILAS

[135] Entrevista de Human Rights Watch con "Darío", Bucaramanga, 8 de junio de 2002.
[136] Entrevista de Human Rights Watch, Bogotá, 2 de junio de 2002. "Ramón", el que dijo esta palabras, describió a Human Rights Watch como su hermana Mariana, que también estaba en las FARC-EP, había sido capturada por los paramilitares en combate, violada por varios y abandonada muerta con una vara de metal en la vagina. Cuando los guerrilleros capturaron al paramilitar responsable, el hermano mayor de Ramón lo mató con un cuchillo de carnicero en un arranque de ira. Ramón tenía entonces 13 años.

[137] Entrevista de Human Rights Watch con "Wilson", Bogotá, 30 de mayo de 2002.
[138] *Guerreros sin sombra*, p. 6.
[139] Véase *Guerreros sin sombra*, p. 87. Según este documento, se puede asignar a los reclutas un compañero o compañera, cuya función oficial es enseñarle la mecánicas del grupo y entablar amistad con ellos.
[140] Entrevista de Human Rights Watch con "Wilson", Bogotá, 30 de mayo de 2002.
[141] Entrevista de Human Rights Watch con "Marta", Bogotá, 1 de junio de 2002.
[142] Entrevista de Human Rights Watch con "Omar", Bucaramanga, 7 de junio de 2002.
[143] Entrevista de Human Rights Watch con "Mauricio", Bogotá, 3 de junio de 2002.
[144] Entrevista de Human Rights Watch con "Peter", Bogotá, 2 de junio de 2002.
[145] Entrevista de Human Rights Watch con "Vicente", Bogotá, 1 de junio de 2002
[146] Entrevista de Human Rights Watch con "Juan Pedro", Bogotá, 2 de junio de 2002.
[147] Entrevista de Human Rights Watch con "Marcos", Bogotá, 2 de junio de 2002
[148] En algunos frentes de la UC-ELN del este de Antioquia, integrados mayoritariamente por niños, los instructores de la guerrilla imparten clases informales a los menos instruidos, pero parece ser una excepción. *Guerreros sin sombra,* pp. 90-91.
[149] Jorge Enrique Botero, "Las Farc ante el nuevo gobierno: Entrevista a Alfonso Cano", *El Tiempo,* 8 de junio de 2002 [online], http://www.stormpages.com/marting/lasfarc.htm (consultado el 27 de mayo de 2003).
[150] Entrevista de Human Rights Watch con "Marilín", Medellín, 5 de junio de 2002.
[151] Entrevista de Human Rights Watch con "Darío", Bucaramanga, 8 de junio de 2002.
[152] Entrevista de Human Rights Watch con "Orlando", Bucaramanga, 8 de junio de 2002.
[153] En referencia a las FARC-EP y la UC-ELN, un sacerdote católico y sociólogo explicó que, en general, ninguno de los dos grupos práctica la contemplación [religiosa] …Las FARC en particular subestiman y desprecian la religión. En ambas organizaciones, la religión no cuenta, a pesar de que no está realmente prohibida. Pero la en la vida cotidiana de los grupos, sí surge de vez en cuando. *Guerreros sin sombra,* pp. 90-91.
[154] Entrevista de Human Rights Watch con "Pedro", Bogotá, 30 de mayo de 2002.
[155] Entrevista de Human Rights Watch con "Teddy", Bogotá, 10 de junio de 2002.
[156] Entrevista de Human Rights Watch con "Óscar", Medellín, 5 de junio de 2002.
[157] Ibíd.

VIII. Niñas

[158] Entrevista de Human Rights Watch con "Carolina", Bucaramanga, 7 de junio de 2002.
[159] Entrevista de Human Rights Watch con "Juana", Bogotá, 10 de junio de 2002. Para obtener más información sobre la situación de las niñas combatientes, véa-

se Erika Páez, *Las Niñas en el Conflicto Armado en Colombia: Un Diagnóstico* (Bogotá: Terre des hommes, 2001). Este informe está basado en información recopilada entre ocho antiguas combatientes y seis profesionales que han trabajado estrechamente con ellas.

[160] Entrevista de Human Rights Watch con "Juana", Bogotá, 10 de junio de 2002.
[161] Este capítulo se concentrará, por lo tanto, en la guerrilla. Entrevista de Human Rights Watch con "Laidy", Bogotá, 31 de mayo de 2002.
[162] Entrevista de Human Rights Watch con "Jessica", Bogotá, 31 de mayo de 2002.
[163] Entrevista de Human Rights Watch, Bucaramanga, 7 de junio de 2002.
[164] Entrevista de Human Rights Watch con "Ángela", Bogotá, 2 de junio de 2002.
[165] Entrevista de Human Rights Watch con "María Claudia", Bucaramanga, 8 de junio de 2002.
[166] La Ley 599 de 2000 declara que el que realizare actos sexuales con persona menor de 14 años incurrirá en prisión de 3 a 5 años. Nuevo Código Penal, artículo 209. La ley está disponible en http://www.derechos.org/nizkor/colombia/doc/penal.html (consultado el 27 de mayo de 2003).
[167] Para ver otro relato de las presiones de un comandante más mayor para lograr que una niña de 13 años tuviera relaciones con él, véase Human Rights Watch, "Más allá de la negociación", pp. 16-17. Se puede ver una fascinante descripción de primera mano de este problema en el libro de Guillermo González Uribe *Los niños de la guerra*. Este libro, que recoge 11 largos testimonios de niños ex combatientes, incluye la historia de una muchacha que se incorporó a las FARC-EP con 13 años y enseguida entabló una relación con un comandante de 40 años. Cuando acabó la relación, otro comandante la presionó para que tuviera relaciones sexuales con él. Cuando se negó, le asignaron tareas duras. Además, cuando se dio cuenta de que estaba embarazada, decidió escapar para poder tener al bebé. Sin embargo, se cayó y se hirió durante la huida y terminó teniendo un aborto natural. Guillermo González Uribe, *Los niños de la guerra* (Bogotá: Planeta, 2002), pp. 35-42.
[168] Entrevista de Human Rights Watch con "Andrea", Bucaramanga, 8 de junio de 2002.
[169] Entrevista de Human Rights Watch con "Carolina", Bucaramanga, 7 de junio de 2002.
[170] Entrevista de Human Rights Watch con "Marilín", Medellín, 5 de junio de 2002.
[171] Entrevista de Human Rights Watch con "Ángela", Bogotá, 2 de junio de 2002.
[172] Entrevista de Human Rights Watch con "Soria", Bogotá, 30 de mayo de 2002.
[173] Ibíd.
[174] Ibíd.
[175] Entrevista de Human Rights Watch con "Ángela", Bogotá, 2 de junio de 2002.
[176] Entrevista de Human Rights Watch con :Marta", Bogotá, 1 de junio de 2002.
[177] "'Censuramos la explotación sexual': Defensor", El Tiempo, 15 de diciembre de 2000.
[178] Entrevista de Human Rights Watch con "Carolina", Bucaramanga, 7 de junio de 2002.
[179] Entrevista de Human Rights Watch con "Andrea", Bucaramanga, 8 de junio de 2002.

VIII. ENTRENAMIENTO

[180] Informe Anual de la Comisión Interamericana de Derechos Humanos 1999, Capítulo 6, Recomendación sobre la erradicación del reclutamiento y la participación de niños en conflictos armados, OEA/Ser.L/V/II.106 Doc. 6, 13 de abril de 1999 [online], http://www.cidh.oas.org/annualrep/99eng/Chapter6a.htm (consultado el 9 de junio de 2003).

[181] Entrevista de Human Rights Watch con "Ramiro", Bucaramanga, 7 de junio de 2002

[182] Entrevista de Human Rights Watch con "Jon Freddy", Bogotá, 3 de junio de 2002

[183] El Plan Colombia supuso el primer aumento importante de la ayuda militar estadounidense a Colombia en 1999, con el objetivo de respaldar la lucha contra el narcotráfico.

[184] Arenas fue uno de los primeros líderes de las FARC-EP. Entrevista de Human Rights Watch con "Marta", Bogotá, 1 de junio de 2002.

[185] Entrevista de Human Rights Watch con "Peter", Bogotá, 2 de junio de 2002

[186] Entrevista de Human Rights Watch con "Jorge", Medellín, 5 de junio de 2002

[187] Entrevista de Human Rights Watch con "Marcos", Bogotá, 2 de junio de 2002

[188] Entrevista de Human Rights Watch con "Adolfo", Bogotá, 10 de junio de 2002

[189] Entrevista de Human Rights Watch con "Óscar", Medellín, 5 de junio de 2002.

[190] Entrevista de Human Rights Watch con "Humberto", Bogotá, 1 de junio de 2002.

[191] Entrevista de Human Rights Watch con "Bernardo", Bucaramanga, 7 de junio de 2002.

[192] Entrevista de Human Rights Watch con "Uriel", Bogotá, 31 de mayo de 2002.

[193] En diciembre de 2002, el periódico colombiano *El Tiempo* entrevistó a un niño recientemente desmovilizado de las AUC. Un rifle de madera y un trozo de cadáver son las primeras piezas del equipo que reciben los niños en los campos de entrenamiento de las AUC, informó el periódico. El primero es para todos, el segundo sólo para aquellos que nunca han matado a nadie en su vida. "Las autodefensas de Colombia entregaron a trece menores de edad en Santander", *El Tiempo*, 14 de diciembre de 2002.

[194] Entrevista de Human Rights Watch con "Leonel", Bogotá, 1 de junio de 2002

[195] Entrevista de Human Rights Watch con "Laidy", Bogotá, 31 de mayo de 2002.

[196] Las fuerzas paramilitares no utilizan bombas de cilindros de gas. Para obtener más información sobre su uso, véase Human Rights Watch, Carta al Comandante Manuel Marulanda, FARC-EP, 8 de mayo de 2002. La carta está disponible online en http://www.hrw.org/press/2002/05/colombia0508.pdf.

[197] Entrevistas de Human Rights Watch con niños ex combatientes, Bogotá, 31 de mayo, 1 de junio, 3 de junio; y Medellín, 6 de junio.

[198] Entrevista de Human Rights Watch con "Jaime", Medellín, 5 de junio de 2002.

[199] En la carta se destacaba un ataque ocurrido el 2 de mayo de 2002 en Bojayá, Chocó, en el que una bomba de cilindro de gas lanzada por las FARC-EP hizo impacto en una iglesia y mató al menos 117 civiles, entre ellos por lo menos 48 niños, que se habían refugiado en su interior. Carta al Comandante Manuel Marulanda, FARC-EP, 8 de mayo de 2002.

200 Emisión de Radio Caracol, "Cien mil minas quiebrapatas están sembradas en Colombia", 6 de marzo de 2003 [online], http://www.caracol.com.co/titular.asp?ID=69429 (consultado el 6 de marzo de 2002).
201 "Campo minado", *Semana*, 9 de diciembre de 2002.
202 UNICEF-Colombia, Newsletter, noviembre de 2002 [online], http://www.unicef.org.co/news-nov-eng.htm# (consultado el 7 de mayo de 2003).
203 Entrevista de Human Rights Watch con "Uriel", Bogotá, 31 de mayo de 2002.
204 Entrevista de Human Rights Watch con "Héctor", Bogotá, 3 de junio de 2002
205 Las minas Claymore se activan manualmente. Entrevista de Human Rights Watch con "Dagoberto", Medellín, 31 de mayo de 2002
206 Entrevista de Human Rights Watch con "Betty", Bogotá, 30 de mayo de 2002
207 Entrevista de Human Rights Watch con "Víctor", Bogotá, 10 de junio de 2002

IX. DISCIPLINA Y CASTIGO

208 En el artículo 3 común a los Convenios de Ginebra de 1949 relativo a los conflictos armados que no sean de índole internacional se prohíben "las condenas dictadas y las ejecuciones sin previo juicio ante un tribunal legítimamente constituido, con garantías judiciales reconocidas como indispensables por cualquier pueblo civilizado". En el artículo 6 del Protocolo II se establecen estos requisitos en detalle. Para que un juicio sea justo, se tienen que respetar las garantías procesales, lo que incluye asegurar que el acusado es informado de los cargos que pesan contra él así como el procedimiento judicial; permitir que el acusado tenga una defensa adecuada, lo que incluye un abogado competente; sólo se pueden formular cargos en base a la responsabilidad penal individual, no la colectiva; que se presuma la inocencia del acusado y que el acusado se halle presente al ser juzgado. Es más, el Protocolo II exige un procedimiento claro de apelación. No se impondrá condena ni se ejecutará pena alguna si no se cumplen estas garantías.
209 Entrevista de Human Rights Watch con "Vicente", Bogotá, 1 de junio de 2002.
210 Entrevista de Human Rights Watch con "Omar", Bucaramanga, 7 de junio de 2002.
211 Ibíd.
212 Entrevista de Human Rights Watch con "Ramiro", Bucaramanga, 7 de junio de 2002.
213 Entrevista de Human Rights Watch con "Alberto", Bogotá, 30 de mayo de 2002
214 Entrevista de Human Rights Watch con "Marcos", Bogotá, 2 de junio de 2002
215 Entrevista de Human Rights Watch con "Ángela,", Bogotá, 2 de junio de 2002
216 Entrevista de Human Rights Watch con "Carolina", Bucaramanga, 7 de junio de 2002.
217 Entrevista de Human Rights Watch con "Omar", Bucaramanga, 7 de junio de 2002.
218 Entrevista de Human Rights Watch con "Rodrigo", Bogotá, May 31,, 2002.
219 Entrevista de Human Rights Watch con "Marta", Bogotá, 1 de junio de 2002.

[220] En enero de 2002, la Policía de la provincia de Huila halló los cuerpos de tres niños en una fosa sin marcar cerca de Suaza, unos 350 kilómetros al sudeste de Bogotá. Según la policía, los cuerpos pertenecían a tres niños combatientes conocidos como el "Viejo", el "Anciano" y "Colombia". Según una información de prensa, después de desertar, los niños se ocultaron con ayuda de algunos campesinos, pero los guerrilleros los descubrieron y los ejecutaron. "Guerrilleros asesinan a niños desertores", *El Universal* (Caracas), 28 de enero de 2002.
[221] Entrevista de Human Rights Watch con "Carolina", Bucaramanga, 7 de junio de 2002.
[222] Sibylla Brodzinsky, "A government program aims to take former guerrilla fighters and give them back their childhood", *St. Petersburg Times*, 7 de agosto de 2002.
[223] Entrevista de Human Rights Watch con "Ángela", 2 de junio de 2002.
[224] Entrevista de Human Rights Watch, Medellín, 5 de junio de 2002
[225] Entrevista de Human Rights Watch con "Jorge", Medellín, 5 de junio de 2002
[226] Correspondencia por e-mail de Human Rights Watch con trabajadora social del ICBF, 9 de noviembre de 2002.
[227] Entrevista de Human Rights Watch con "Elizabeth", Bogotá, 3 de junio de 2002
[228] Entrevista de Human Rights Watch con "Mauricio", Bogotá, 3 de junio de 2002
[229] Entrevista de Human Rights Watch con "Raúl", Bogotá, 3 de junio de 2002.
[230] El combatiente era su hermano mayor, Henry, de 20 años. Henry fue ejecutado por quedarse dormido durante la guardia. Su cuerpo fue entregado a su familia en Granada. Según William, el Ejército entró en el campamento cuando Henry debía estar vigilando. Aunque llevaba cinco años en la guerrilla y tenía un historial intachable, Henry fue acusado de la muerte de ocho guerrilleros que murieron en el consiguiente combate. No se celebró un consejo de guerra. Entrevista de Human Rights Watch con "William", Medellín, 6 de junio de 2002.
[231] Entrevista de Human Rights Watch con "Héctor", Medellín, 6 de junio de 2002.
[232] Ibíd.
[233] Entrevista de Human Rights Watch con "Adolfo", Bogotá, 10 de junio de 2002.
[234] Véase http://colombia-libre.org/colombialibre/estatutos.asp (consultado el 8 de agosto de 2002).
[235] Entrevista de Human Rights Watch con "Bernardo", Bucaramanga, 7 de junio de 2002.
[236] Las ACCU, creadas por Carlos Castaño en 1994, fue uno de los primeros grupos paramilitares que ahora forma parte de las AUC.
[237] Entrevista de Human Rights Watch con "Adolfo", Bogotá, 10 de junio de 2002.
[238] Entrevista de Human Rights Watch con "Bernardo", Bucaramanga, 7 de junio de 2002.
[239] Entrevista de Human Rights Watch con "Adolfo", Bogotá, 10 de junio de 2002.

X. COMBATE

[240] Entrevista de Human Rights Watch con "Xaviera", Medellín, 6 de junio de 2002.
[241] Entrevista de Human Rights Watch con "Mauricio", Bogotá, 3 de junio de 2002.

242 Entrevista de Human Rights Watch con "Diego", Bogotá, 3 de junio de 2002.
243 Entrevista de Human Rights Watch con "Elizabeth", Bogotá, 3 de junio de 2002.
244 Entrevista de Human Rights Watch con "Héctor", Bogotá, 3 de junio de 2002.
245 Entrevista de Human Rights Watch con "Carolina", Bogotá, 31 de mayo de 2002.
246 Entrevista de Human Rights Watch con "Adriana", Medellín, 6 de junio de 2002.
247 Entrevista de Human Rights Watch con "Óscar", Bogotá, 1 de junio de 2002.
248 Otro ex combatiente paramilitar nos dijo que la guerrilla "tiene un sistema que le pelea a uno. Le tira a uno un primer grupo adelante, y después de ese grupo le tira otro. Si a ese grupo que le han tirado primero les han matado suficiente, vienen y le meten los de banda roja a uno, grupo especial. Los guerrilleros de banda roja, esos manes tienen cinco, seis, hasta diez años de pelear en el monte". Según el estudio del IBCF, *Guerreros sin sombra*, la vanguardia de la guerrilla suelen ser niños que envían al frente del combate para que nosotros los soldados y la Policía gastemos nuestra munición y hombres, en la segunda línea van los combatientes más experimentados. Oficial del Ejército citado en *Guerreros sin sombra*, p. 113.
249 Claudia Rocío Vásquez R., "Niños, entrenados durante un año en la Zona de Despeje", *El Tiempo*, 4 de diciembre de 2000.
250 Las Fuerzas Armadas de Colombia ponen nombre a las operaciones importantes.
251 Algunos de los entrevistados se referían con poca precisión a los muchachos de 18 años como niños (*pelados*). Al pedirle a los entrevistados un cálculo del número de niños combatientes en sus unidades, les explicamos detenidamente que nos referíamos a los menores de 18 años.
252 Entrevista de Human Rights Watch con "Ramón", Bogotá, 2 de junio de 2002.
253 Entrevista de Human Rights Watch con "Ángela", Bogotá, 2 de junio de 2002.
254 Entrevista de Human Rights Watch con "Darío", Bucaramanga, 8 de junio de 2002
255 Félix Quintero Pino, "Nadie lloró a los niños de Suratá", *El Tiempo*, 9 de diciembre de 2000.
256 Juan Forero, "A Child's Vision of War: Boy Guerrillas in Colombia", *New York Times*, 20 de diciembre de 2000.
257 Elizabeth Yarce, "El dolor de los niños combatientes", *El Colombiano*, 31 de enero de 2002.
258 Frances Robles, "The new face of Colombian leftist guerrillas: children", *Miami Herald*, 14 de julio de 2002.
259 Entrevista de Human Rights Watch con "Betty", Bogotá, 6 de junio de 2002.
260 Entrevista de Human Rights Watch con "Mauricio", 3 de junio de 2002.
261 *Guerreros Sin Sombra*, p. 115.
262 Ibíd.
263 Gonzalo Guillén, "Niños de las FARC-EP siembran terror en Colombia", *El Nuevo Herald*, (Miami), 19 de octubre de 2001 (online), http://colombia.analitica.com/cpi/4448575.asp (consultado el 22 de mayo de 2002).
264 Entrevista de Human Rights Watch con "Alberto", Bogotá, 30 de mayo de 2002.

265 Entrevista de Human Rights Watch con "Juan Carlos", Bogotá, 31 de mayo de 2002.
266 Entrevista de Human Rights Watch con "Uriel", Bogotá, 1 de junio de 2002.
267 Entrevista de Human Rights Watch con "Óscar", Bogotá, 5 de junio de 2002.
268 Entrevista de Human Rights Watch con "Leonel", Bogotá, 1 de junio de 2002.
269 Entrevista de Human Rights Watch con "Adolfo", Bogotá, 10 de junio de 2002.
270 Entrevista de Human Rights Watch con "Severo", Bucaramanga, 8 de junio de 2002.

XI. Participación en Ejecuciones Sumarias y Tortura

271 Entrevista de Human Rights Watch con "Adolfo", Bogotá, 10 de junio de 2002.
272 Entrevista de Human Rights Watch con "Jorge", Medellín, 5 de junio de 2002.
273 Entrevista de Human Rights Watch con "Ramón", Bogotá, 2 de junio de 2002.
274 Entrevista de Human Rights Watch con "Milton", Bogotá, 31 de mayo de 2002.
275 De un documento titulado "Beligerancia" publicado por las FARC-EP en su sitio Web http://www.FARC-EP.org/ (consultado el 11 de agosto de 2002). En este documento se ofrecen detalles sobre los reglamentos internos de las FARC-EP y se dice que ha sido redactado para respaldar la petición del grupo de ser considerado, de acuerdo con el derecho internacional, una fuerza beligerante en el conflicto armado colombiano.
276 Entrevista de Human Rights Watch con "Jorge", Medellín, 5 de junio de 2002.
277 Entrevista de Human Rights Watch con "Pedro", Bogotá, 31 de mayo de 2002.
278 Entrevista de Human Rights Watch con "Rodrigo", Bogotá, 31 de mayo de 2002.
279 Entrevista de Human Rights Watch con "Alberto", Bogotá, 30 de mayo de 2002.
280 Entrevista de Human Rights Watch con "Jorge", Medellín, 31 de mayo de 2002.
281 Human Rights Watch, *La Sexta División: Las relaciones militares-paramilitares y la política estadounidense en Colombia*, p. 51-61.
282 Entrevistas de Human Rights Watch con niños ex combatientes, Bogotá, 31 de mayo y 1 de junio; y Medellín, 5 de junio de 2002.
283 Entrevista de Human Rights Watch con "Héctor", Medellín, 6 de junio de 2002.
284 Ibíd.
285 Entrevista de Human Rights Watch con "Peter", Bogotá, 2 de junio de 2002.
286 Entrevista de Human Rights Watch con "Jenny", Bogotá, 1 de junio de 2002.
287 Entrevista de Human Rights Watch con "Andalecio", Medellín, 6 de junio de 2002.
288 Entrevista de Human Rights Watch con "Humberto", Bogotá, 2 de junio de 2002
289 Entrevista de Human Rights Watch con "Darío", Bucaramanga, 8 de junio de 2002
290 Entrevista de Human Rights Watch con "Omar", Bucaramanga, 7 de junio de 2002
291 Entrevista de Human Rights Watch con "Adolfo", Bogotá, 10 de junio de 2002.
292 Human Rights Watch, *Informe Anual 2003* (New York: Human Rights Watch 2003) [online], http://www.hrw.org/wr2k3/americas4.html (consultado el 21 de

mayo de 2003).
[293] Entrevista de Human Rights Watch con "Jónatan", Bogotá, 30 de mayo de 2002.
[294] Entrevista de Human Rights Watch con "Cristián", Bogotá, 30 de mayo de 2002.
[295] Entrevista de Human Rights Watch con "Leonel", Bogotá, 1 de junio de 2002.
[296] Entrevista de Human Rights Watch con "Laidy", Bogotá, 31 de mayo de 2002.
[297] Entrevista de Human Rights Watch con "Óscar", Medellín, June 5, 2002.
[298] El ácido muriático puede provocar quemaduras graves.
[299] El ácido muriático puede provocar quemaduras graves.
[300] Entrevista de Human Rights Watch con "Adolfo", Bogotá, June 10, 2002.

XII. SECUESTROS

[301] Entrevista de Human Rights Watch con "Lenny", Bucaramanga, 7 de junio de 2002.
[302] País Libre, "Autor Secuestro 2002" [online], http://www.paislibre.org:8080/secuestros_2002.pdf (consultado el 1 de mayo de 2003).
[303] "Por buen camino", *Semana*, 13 de enero de 2003.
[304] Entrevista de Human Rights Watch con "Ángela", Bogotá, 2 de junio de 2002.

[305] Entrevista de Human Rights Watch con "Dagoberto", Medellín, 5 de junio de 2002
[306] Entrevista de Human Rights Watch con "Darío", Bucaramanga, 7 de junio de 2002.
[307] Ibíd.
[308] Entrevista de Human Rights Watch con "Lenny", Bucaramanga, 7 de junio de 2002.
[309] Las FARC-EP secuestraron a la ex senadora y candidata presidencial por el Partido Oxígeno el 23 de febrero de 2002. Betancourt fue detenida en un retén cuando se dirigía a San Vicente del Caguán, dentro de la Zona. Tenía intención de visitar la región tras la decisión del Gobierno de retomarla. "Pastrana rechazó secuestro de Betancourt y pidió respaldo internacional", *El Tiempo*, 26 de febrero de 2002.
[310] En el momento de escribir este informe, Betancourt seguía secuestrada por las FARC-EP. Entrevista de Human Rights Watch con "Severo", Bucaramanga, 8 de junio de 2002.
[311] País Libre, "Autor Secuestros 2002" [online], http://www.paislibre.org:8080/secuestros_2002.pdf (consultado el 1 de mayo de 2003).
[312] Ibíd.

XIII. LAS FUERZAS GUBERNAMENTALES

[313] Entrevista de Human Rights Watch con "Darío", Bucaramanga, 7 de junio de 2002.

[314] Coalition to Stop the Use of Child Soldiers, "1379 Report", 7 de noviembre de 2002.
[315] El testimonio de Felipe era parte de un caso presentado por la Fiscalía General contra el Comandante del Batallón Palacé, el Coronel Rafael Hani Jimeno. El caso aparece resumido en la orden de arresto de Hani, dictada dentro del Caso No. 835 con fecha del 21 de diciembre de 2000. Human Rights Watch entrevistó a Felipe el 19 de enero de 2001. Los fiscales cerraron posteriormente el caso contra Hani sin formular cargos.
[316] Ibíd.
[317] Entrevista de Human Rights Watch con "Fernando", Bogotá, 10 de junio de 2002.
[318] Entrevista de Human Rights Watch con el Teniente Coronel Luis Alfonso Novoa Díaz, Coordinador Grupo Derechos Humanos, Policía Nacional, Santafé de Bogotá, May 27, 2002.

XIV. Deserción, Captura y Después

[319] Entrevista de Human Rights Watch con "Édgar", Medellín, 5 de junio de 2002.
[320] Entrevista de Human Rights Watch con Jairo González, Defensoría del Pueblo, Medellín, Antioquia, 4 de junio de 2002.
[321] Debate parlamentario convocado por el Senador Rafael Orduz Medina en mayo de 2002. Véase Rafael Orduz, "Niños, niñas y adolescentes víctimas del conflicto armado: una prioridad para el Estado", en Martha Nubia Bello y Sandra Ruiz Cevallos (eds.) *Conflicto Armado, Niñez y Juventud: una Perspectiva Psicosocial*, (Santafé de Bogotá: Universidad Nacional de Colombia, 2002), p. 133; Entrevista de Human Rights Watch con Mario Suescún, Defensoría del Pueblo, 12 de junio de 2002.
[322] *Guerreros sin Sombra*, pp. 174-175.
[323] Entrevista de Human Rights Watch con Mario Suescún, Defensoría del Pueblo, 12 de junio de 2002.
[324] "En todas las medidas concernientes a los niños que tomen las instituciones públicas o privadas de bienestar social, los tribunales, las autoridades administrativas o los órganos legislativos, una consideración primordial a que se atenderá será el interés superior del niño". Artículo 3(1) de la Convención sobre los Derechos del Niño.
[325] Instituto Colombiano de Bienestar Familiar, Organización Internacional para la Migración, Save the Children U.K., Defensoría del Pueblo, "Ruta Jurídica y Fundamentos Normativos de los Niños, Niñas y Jóvenes Desvinculados del Conflicto Armado", Bogotá, abril de 2002.
[326] En el estudio más completo publicado hasta ahora sobre los niños combatientes en Colombia, basado en una muestra de 119 menores, la Fiscalía General y el ICBF concluyeron que una consecuencia de la nueva política de derechos humanos que están siguiendo el Ejército y la Policía es que las denuncias de malos tratos, aunque representativas, fueron infrecuentes. Sin embargo, esto debería

tratarse con cautela ya que los menores no denuncian necesariamente los abusos por temor a las posibles represalias. *Guerreros Sin Sombra*, p. 179.
[327] Entrevista de Human Rights Watch con "Efraín", Bucaramanga, 8 de junio de 2002.
[328] Entrevista de Human Rights Watch con "Rodolfo", Bogotá, 1 de junio de 2002.
[329] Entrevista de Human Rights Watch con "Jaime", Medellín, 5 de junio de 2002.
[330] Entrevista de Human Rights Watch con "Rodolfo", Bogotá, 1 de junio de 2002.
[331] Entrevista de Human Rights Watch con "Darío", Bucaramanga, 8 de junio de 2002
[332] Entrevista de Human Rights Watch con "Ramón", Bogotá, 2 de junio de 2002.
[333] "Niñez y conflicto armado: vacíos legales sin resolver", *El Tiempo*, 30 de septiembre de 2002.

XV. Resacatados de la Guerra: Programas Oficiales para la Rehabilitación de los Niños Combatientes

[334] Entrevista de Human Rights Watch con "Hernán", Bogotá, 3 de junio de 2002.
[335] Entrevista de Human Rights Watch con "Jaime", Medellín, 5 de junio de 2002.
[336] Entrevista de Human Rights Watch con "Esteban", Bogotá, 2 de junio de 2002.
[337] Entrevista de Human Rights Watch con "Laidy", Bogotá, 31 de mayo de 2002.
[338] UNICEF Colombia, "Situación de la niñez víctima del conflicto armado", comunicado de prensa, Bogotá, 10 de octubre de 2002.
[339] Entrevista de Human Rights Watch con Marta Ballesteros, Ministerio del Interior, Bogotá, 10 de junio de 2002.
[340] Entrevista de Human Rights Watch con Marta Ballesteros, funcionaria encargada del programa de reinserción para niños desertores del Ministerio del Interior, Bogotá, 10 de junio de 2002. Human Rights Watch habló con varios niños en la escuela del programa en Bogotá.
[341] Asamblea General de las Naciones Unidas, Promoción y protección de los derechos del niño, Repercusiones de los conflictos armados sobre los niños, Nota del Secretario General, Adición, A/51/306/Add.1., 9 de septiembre de 1996. El artículo 39 de la Convención sobre los Derechos del Niño declara que "los Estados Partes adoptarán todas las medidas apropiadas para promover la recuperación física y psicológica y la reintegración social de todo niño víctima de: cualquier forma de abandono, explotación o abuso; tortura u otra forma de tratos o penas crueles, inhumanos o degradantes; o conflictos armados. Esa recuperación y reintegración se llevarán a cabo en un ambiente que fomente la salud, el respeto de sí mismo y la dignidad del niño".
[342] Ministerio de Salud, Instituto Colombiano de Bienestar Familiar, "Documento de Evaluación Gestión ICBF, Actores Armados, Tema: Niñez y Conflicto Armado", junio de 1998 (anexo 2)

[343] El programa de rehabilitación del ICBF está financiado en parte por el Gobierno de Colombia y también recibe fondos de Save the Children (U.K.) y la Agencia Internacional para el Desarrollo de Estados Unidos.

[344] Beatriz Linares, "Reto de la Defensoría del Pueblo frente a la niñez y juventud colombiana víctimas del conflicto armado", en Martha Bello y Sandra Ruiz (eds.), *Conflicto Armado, Niñez y Juventud* (Santafé de Bogotá: Universidad Nacional de Colombia, 2002) pp. 157-168.

[345] Entrevista de Human Rights Watch con una trabajadora social del centro del ICBF en Medellín, 5 de junio de 2002. Uno de los raros enfrentamientos graves entre niños ex paramilitares y guerrilleros tuvo lugar en este centro poco después de su apertura. Los ex paramilitares tuvieron que ser separados y trasladados a otros centros.

[346] Entrevista de Human Rights Watch con Blanca Cecilia Gómez, Save the Children (UK), Bogotá, 28 de mayo de 2002.

[347] Cifras del Programa Para la Atención Humanitaria al Desmovilizado de la Presidencia; y "Los niños llevan el peso de la guerra en Colombia", *El Nuevo Herald* (Miami), 8 de noviembre de 2002

[348] Título 1 de la Ley 418 de 26 de diciembre de 1997, disponible en Internet en http://www.red.gov.co/LaInstitucion/Normatividad/Ley418-1997/ley418-1997.html (consultado el 26 de noviembre de 2002).

[349] Ibíd., artículo 50 (3).

[350] Artículos 15 y 16 de la Ley No. 782, de 23 de diciembre de 2002. La Ley 782 está disponible en línea en http://bib.minjusticia.gov.co/normas/leyes/2002/17822002.htm (consultado el 2 de junio de 2003).

[351] Artículo 17 de la Ley No. 782.

[352] El proyecto de ley no prosperó en 2002 debido a las efectivas presiones de los grupos de derechos del niño. Entrevista telefónica de Human Rights Watch con la Comisión Colombiana de Juristas, 12 de mayo de 2003.

[353] Véase, por ejemplo, Coalition to Stop the Use of Child Soldiers, Child Soldiers Global Report 2001 (London: Coalition to Stop the Use of Child Soldiers, 2001) y Brett, Rachel y Margaret McCallin, *Children: The Invisible Soldiers* (Stockholm: Radda Barnen, 1998), pp 93-99.

[354] Reglas Mínimas de las Naciones Unidas para la administración de la justicia de menores ("Reglas de Beijing"), G.A. res. 40/33, anexo, 40 U.N. GAOR Supp. (No. 53) at 207, U.N. Doc. A/40/53 (1985) [online], http://www1.umn.edu/humanrts/instree/j3unsmr.htm (consultado el 9 de junio de 2003).

[355] Informe Anual de la Comisión Interamericana de Derechos Humanos1999, Capítulo 6, Recomendación sobre la erradicación del reclutamiento y la participación de niños en conflictos armados, OEA/Ser.L/V/II.106 Doc. 13 de abril de 1999 [online], http://www.cidh.oas.org/annualrep/99eng/Chapter6a.htm (consultado el 9 de junio de 2003).

[356] Convención sobre los Derechos del Niño, artículos 39, 40, adoptada el 20 de noviembre de 1989, G.A. Res. 44/25, U.N. Doc. A/RES/44/25 (en vigor desde el 2 de septiembre de 1990); Pacto Internacional de Derechos Civiles y Políticos, artículo 14 (4), abierto a las firmas el 19 de diciembre de1966, 999 U.N.T.S. 171

(en vigor desde el 23 de marzo de 1976).
357 Proyecto de Ley, "Plan Nacional de Desarrollo, 2002-2006: Hacía un Estado Comunitario", Departamento Nacional de Planeación [online], http://www.dnp.gov.co/01_CONT/POLITICA/PLAN.HTM (consultado el 3 de junio de 2003).
358 Cuando se escribió este informe, la situación seguía siendo la misma. Informe Anual del Alto Comisionado sobre Derechos Humanos en Colombia, 24 de febrero de 2003, E/CN.4/2003/13. Disponible en http://www.hchr.org.co/documentoseinformes/informes/altocomisionado/informe2002.html (consultado el 19 de mayo de 2003).
359 Estatuto de Roma de la Corte Penal Internacional, artículo 8 (2)(e)(vii); e Informe de la Comisión Preparatoria 1998, Add. 1, nota 12 del artículo 5, Crímenes de Guerra, B(t) Opción 2, p. 25.

XVI. Normativa Legal

360 En su declaración antes el Consejo de Seguridad durante el debate del 14 de enero, el Representante Especial del Secretario General sobre los niños y los conflictos armados, Olara Otunnu propuso las siguientes medidas: "la imposición de restricciones de viajes a sus dirigentes y su exclusión de toda estructura de gobierno y de toda disposición de amnistía, la prohibición de la exportación y el suministro de armas a esos grupos y la restricción de la corriente de recursos financieros a las partes que se trate". Véase http://www.un.org/special-rep/children-armed-conflict/ (consultado el 6 de abril de 2003).
361 Protocolo II, artículo 1(1).
362 Protocolo adicional a los Convenios de Ginebra del 12 de agosto de 1949 relativo a la protección de las víctimas de los conflictos armados sin carácter internacional (Protocolo II), 8 de junio de 1977, artículo 4 (3) (c).
363 Constitución Política de Colombia de 1991, actualizada hasta Reforma de 2001, artículo 93.
364 Convención sobre los Derechos del Niño, artículo 38(2) y (3).
365 Convención de Viena sobre el Derecho de los Tratados, UN Doc A/Conf 39/28, UKTS 58 (1980), artículo 18.
366 Ley No. 704.
367 Organización Internacional del Trabajo, Convenio sobre las peores formas de trabajo infantil (Convenio No. 182), artículo 3 (a).
368 Artículo 7(1).
369 Recomendación No. 190 sobre las peores formas de trabajo infantil, Conferencia General de la OIT, 87° Sesión, adoptada el 17 de junio de 1999, artículo 12.
370 Convención sobre los Derechos del Niño, artículo 32 (1).
371 Convención sobre los Derechos del Niño, artículo 19 (1).
372 Convención sobre los Derechos del Niño, artículo 9.
373 Estatuto de Roma de la Corte Penal Internacional, artículo 8(2)(e)(vii).
374 Resolución No. 1379 del Consejo de Seguridad de la ONU, 20 de noviembre de 2001.

APÉNDICE

Registro de Human Rights Watch de los niños combatientes mencionados

Nota: Los seudónimos en **negrilla** se refieren a niñas.

"Aprenderás a no llorar"

	Seudónimo	Edad de ingreso	Grupo Armado	Edad de salida	Educación
1	Bernardo	6-7 años	AUC	17 años	Ninguna
2	Jon Freddy	6 años	FARC-EP	17 años	grado 1
3	Brandon	7 años	FARC-EP	12 años	grado 5
4	Peter	7 años	FARC-EP/ UC-ELN	15 años	
5	**Juana**	7 años	FARC-EP	12 años	Ninguna
6	Pedro	8 años	FARC-EP	15 años	grado 5
7	Uriel	8 años	AUC	14 años	
8	**Flor**	8 años	FARC-EP	14 años	grado 2
9	Dagoberto	9 años	FARC-EP	17 años	Ninguna
10	Mauricio	11 años	FARC-EP	17 años	Ninguna
11	León	11 años	FARC-EP	17 años	
12	**Andrea**	11 años	FARC-EP	16 años	grado 3
13	Osvaldo	12 años	FARC-EP	14 años	Ninguna
14	José Antonio	12 años	FARC-EP	13 años	
15	Cristián	12 años	AUC	17 años	grado 1
16	Alberto	12 años	FARC-EP	14 años	grado 5
17	**Mariluz**	12 años	FARC-EP	15 años	grado 5
18	**Laidy**	12 años	AUC	14 años	grado 6
19	Tancredo	12 años	FARC-EP	17 años	grado 8
20	Percy	12 años	FARC-EP milicia	14 años	
21	**Angela**	12 años	FARC-EP	17 años	grado 4
22	Estéban	12 años	FARC-EP	17 años	grado 6
23	Ramón	12 años	FARC-EP	16 años	grado 2
24	Diego	12 años	FARC-EP	16 años	
25	Héctor	12 años	FARC-EP	17 años	grado 2
26	Raúl	12 años	FARC-EP	16 años	grado 2
27	Óscar	12 años	AUC	15 años	grado 3
28	**Marilín**	12 años	FARC-EP	15 años	grado 7
29	**Adriana**	12 años	FARC-EP	15 años	grado 1
30	Darío	12 años	FARC-EP	15 años	grado 4
31	**Ma. Claudia**	12 años	UC-ELN	16 años	grado 4

Forzoso/ Voluntario	Duración	No. de combates	Heridas	Desertor/ Capturado
Voluntario	8 años	muchas veces	Disparado	desertado
Voluntario	8 años	muchas veces	maltratado	capturado
Voluntario	5 años			
Voluntario	18 meses	varias veces	No	
Voluntario	5 años	1+ veces		
Voluntario	7 años	18+ veces		
Voluntario	6 años	30 veces		capturado
Voluntario	4.5 años	3 veces		desertado
Voluntario	7 años	100+ veces	Disparado	capturado
Voluntario	5 años	muchas veces	Si	capturado
Voluntario	4 or 5 años	muchas veces		capturado
Voluntario	4 años		Aborto forzado	desertado
Voluntario	2 años	5 veces	Disparado	capturado
Forzoso		Nunca	No	desertado
Voluntario	3 años	varias veces		capturado
Forzoso	Más que 1 año	3 veces		capturado
Voluntario	2.5 años	varias veces		desertado
Voluntario	2 años	muchas veces		capturado
Voluntario	5 años	30 veces		capturado
Voluntario				desertado
Voluntario	4 años	muchas veces	Aborto forzado, Disparado	capturado
Voluntario	4 años	8 veces		desertado
Voluntario	3 años	muchas veces maltratado	Disparado in leg,	capturado
Voluntario	3 años	muchas veces		capturado
Voluntario	4 años	3 veces		capturado
Voluntario	3 años	muchas veces	Disparado	capturado
Voluntario	2 años	muchas veces		capturado
Voluntario	2 años	Nunca		desertado
Forzoso			Disparado	capturado
Voluntario	15 meses	3 veces		capturado
Forzoso	2 años	10 veces		desertado

"Aprenderás a no llorar"

	Seudónimo	Edad de ingreso	Grupo Armado	Edad de salida	Educación
32	Leonardo	12 años	FARC-EP	16 años	
33	Marcos	13.5 años	FARC-EP	18 años	
34	Máximo	13-14 años	FARC-EP	14 años	grado 8
35	Rogelio	13-14 años	FARC-EP milicia	15 años	grado 5
36	Nelson	13-14 años	FARC-EP	16 años	
37	Fernando	13-14 años	FARC-EP	15 años	grado 8
38	Ignacio	13 años	UC-ELN/ FARC-EP	16 años	grado 4
39	William	13 años	UC-ELN	14 años	
40	Dani	13 años	unclear	16 años	grado 5
41	Milton	13 años	FARC-EP	15 años	grado 6
42	**Jenny**	13 años	UC-ELN	14 años	grado 6
43	Juan Pedro	13 años	FARC-EP	16 años	grado 5
44	Humberto	13 años	FARC-EP	17 años	grado 3
45	**Elizabeth**	13 años	FARC-EP	15 años	grado 3
46	**Betty**	13 años	FARC-EP	15 años	grado 3
47	Rafael	13 años	UC-ELN	17 años	
48	Lenny	13 años	FARC-EP	16 años	grado 5
49	**Carolina**	13 años	FARC-EP	18 años	grado 4
50	**Yelva**	13 años	FARC-EP	17 años	grado 6
51	**Marianela**	13 años	FARC-EP	18 años	grado 7
52	**Mayda**	13 años	FARC-EP	14 años	grado 5
53	**Carmela**	13 años	FARC-EP	15 años	grado 6
54	Adolfo	13 años	AUC	17 años	
55	Victor	13 años	UC-ELN	16 años	
56	**Rosita**	13 años	FARC-EP	16 años	grado 4
57	Teddy	13 años	UC-ELN	18 años	
58	**Xaviera**	14 años	UC-ELN	16 años	
59	Wilson	14 años	FARC-EP	16 años	grado 7
60	Jónatan	14 años	AUC	17 años	grado 1
61	Juan Carlos	14 años	AUC	16 años	grado 5
62	**Johana**	14 años	FARC-EP	16 años	grado 7

Forzoso/Voluntario	Duración	No. de combates	Heridas	Desertor/Capturado
Voluntario	3 años	muchas veces		desertado
Voluntario	4 años	1 vez	Disparado	desertado
Voluntario	2 meses			permiso
Voluntario	5 meses	Nunca	No	desertado
Voluntario	2 años 11 meses	4 veces	No	capturado
Voluntario	6+6 meses	8 veces		capturado
Voluntario	1 año	varias veces		capturado
unclear	unclear			
Voluntario	2 años	5 veces		capturado
Forzoso	1 mes	Nunca	No	desertado
Voluntario	2 años	1+ veces	No	desertado
Voluntario	~2 años			desertado
Voluntario	2 años	3 veces		desertado
Voluntario	1.5 años	1+ veces		capturado
Voluntario	3 años	muchas veces		desertado
Voluntario	2 años	A few veces		desertado
Voluntario				capturado
Voluntario	1.5-2 años	3 veces		capturado
Voluntario Forzoso	4 años	varias veces		desertado
Voluntario	15 meses	4 veces		
Voluntario	3.6 años	muchas veces		capturado
	1 año		herido por minas	hospital
Voluntario	1.5 años 4 años	2 veces		capturado
Forzoso	1.5 años	varias veces	Disparado	desertado
Voluntario	2.5 años	~20 veces	quemado por esquirlas	capturado
Voluntario	1.5 años			capturado
Voluntario	10 meses	~18 veces	Disparado (brazos), esquirlas	capturado
Forzoso	6 meses	Nunca	No	desertado

211

Seudónimo		Edad de ingreso	Grupo Armado	Edad de salida	Educación
63	Rodrigo	14 años	FARC-EP	16 años	grado 5
64	Leonel	14 años	AUC	15 años	grado 5
65	**Marta**	14 años	FARC-EP	17 años	grado 4
66	Vicente	14 años	FARC-EP	16 años	grado 8
67	Joseph	14 años	FARC-EP	15 años	grado 6
68	Jorge	14 años	FARC-EP	17 años	grado 3
69	Giovanni	14 años	FARC-EP	17 años	grado 7
70	Andalecio	14 años	UC-ELN	16 años	
71	**Luisa**	14 años	FARC-EP	16 años	Ninguna
72	**Candelaria**	14 años	UC-ELN	17 años	grado 5
73	Severo	14 años	FARC-EP	16 años	grado 6
74	Orlando	14 años	FARC-EP	16 años	
75	**Daniela**	14 años	FARC-EP	17 años	grado 10
76	César	14 años	FARC-EP	16 años	
77	Jaime	15-16 años	UC-ELN milicia	17 años	
78	Patrick	15-16 años	FARC-EP	16 años	
79	Jesús	15-16 años	AUC	16 años	
80	**Margarita**	15-16 años	UC-ELN	16 años	grado 7
81	Jhony	15-16 años	UC-ELN	15 años	grado 5
82	Carlos	15 años	FARC-EP	16 años	grado 1
83	**Jessica**	15 años	FARC-EP	17 años	grado 9
84	Wilmer	15 años	UC-ELN milicia	17 años	grado 4
85	**Arlette**	15 años	FARC-EP	16 años	grado 7
86	Genaro	15 años	ERP	17 años	grado 5
87	Jon	15 años	FARC-EP, milicia	16 años	grado 1
88	**Eréndira**	15 años	UC-ELN	16 años	grado 5
89	Edgar	15 años	FARC-EP	17 años	grado 9
90	Ómar	15 años	FARC-EP	16 años	grado 5
91	Ramiro	15 años	FARC-EP	17 años	
92	**Lucy**	15 años	FARC-EP	16 años	grado 8
93	Julio	15 años	UC-ELN	17 años	grado 3
94	**Giovana**	15 años	FARC-EP	17 años	grado 9

Forzoso/Voluntario	Duración	No. de combates	Heridas	Desertor/Capturado
Voluntario	2 años	varias veces		desertado
Voluntario	4 meses	Nunca		capturado
Voluntario	3 años	5 veces	Disparado	capturado
Voluntario	1-2 años			desertado
Voluntario	10 meses	Nunca		capturado
Voluntario	1 año			desertado
Voluntario		3 veces		capturado
Voluntario	2 años	21 veces		capturado
Voluntario	1 año	1+ veces		desertado
Voluntario	2 años	1+ veces		desertado
Voluntario	3 años	30 veces	No	capturado
Voluntario	1+ año			capturado
Voluntario	2 años	1 vez		desertado
Voluntario	2 años			capturado
Voluntario	18 meses	1 vez	No	capturado
Voluntario	6 meses	2 veces	No	desertado
Voluntario	2 días	Nunca	No	capturado
Forzoso	1 año			capturado
Forzoso	2 meses	Nunca	No	capturado
Voluntario	3 años	varias veces		desertado
Voluntario	1.5 años	4 veces		capturado
Voluntario	2 años		No	capturado
Forzoso	5 meses	Nunca		desertado
Voluntario	6 meses	1 vez		desertado
Voluntario	5 meses	Nunca	No	desertado
Voluntario	1 año			capturado
Voluntario	2 años	5 veces		desertado
Voluntario	1 año	varias veces		desertado
Voluntario	18 meses		Herido por una bomba	desertado
Voluntario	8 meses	Nunca		capturado
Voluntario	20 meses	4 veces		desertado
Voluntario	5 meses	Nunca	No	desertado

Seudónimo	Edad de ingreso	Grupo Armado	Edad de salida	Educación
95 Otto	16-17 años	FARC-EP milicia	17 años	grado 4
96 **Soria**	16 años	UC-ELN	16 años	grado 3
97 Saúl	16 años	FARC-EP	17 años	grado 3
98 Efraín	16 años	FARC-EP milicia	16 años	grado 5
99 Fabio	16 años	FARC-EP(brevemente)/AUC	17 años	grado 6
100 Rodolfo	16 años	UC-ELN milicia	17 años	grado 3
101 **Angelica**	16 años	FARC-EP	17 años	grado 5
102 Bronson	16 años	UC-ELN	18 años	grado 7
103 Juan José	17-18 años	FARC-EP	18 años	grado 5
104 Francisco	17 años	AUC	17 años	grado 4
105 Rigoberto	17 años	AUC	18 años	grado 5
106 Jon Jairo		FARC-EP	17 años	grado 6
107 Gilberto		FARC-EP	17 años	grado 3
108 Zenón		FARC-EP	16 años	grado 2
109 Mario		FARC-EP	15 años	Ninguna
110 Elías		FARC-EP	17 años	
111 Danilo		FARC-EP	17 años	grado 11
112 James		FARC-EP	17 años	

Forzoso/ Voluntario	Duración	No. de combates	Heridas	Desertor/ Capturado
Voluntario	2 meses	Nunca	No	desertado
Forzoso	2 meses		Violada	desertado
Voluntario	3 meses	Nunca		desertado
	2 meses	Nunca	No	capturado
Voluntario	1 año	3 veces		desertado
Voluntario	3 meses	Nunca	No	capturado
Voluntario	6 meses	Nunca		capturado
Voluntario	1 año	1+ veces		capturado
Forzoso	3 meses	Nunca	No	desertado
Voluntario	5 meses	Nunca	Ninguna	desertado
Voluntario	2 días	Nunca	No	capturado
Voluntario				desertado
Forzoso	1 año	varias veces		
Forzoso	meses			desertado
	En combate			
Voluntario		1 vez		desertado
Voluntario			No	capturado
	1 mes			desertado